Die
Weiterbildung des Koalitionsrechtes
der
gewerblichen Arbeiter in Deutschland.

Vorschläge zum Gesetzentwurf

betreffend den

Schutz des gewerblichen Arbeitsverhältnisses

von

Prof. Dr. R. van der Borght,
M. d. R.

Berlin.
J. Guttentag, Verlagsbuchhandlung,
G. m. b. H.
1899.

Inhalt.

I. Allgemeines.

Dem deutschen Reichstag ist am 26. Mai 1899 der Entwurf eines „Gesetzes zum Schutze des gewerblichen Arbeitsverhältnisses“ zugegangen, der die Strafen für den Mißbrauch des Koalitionsrechtes verschärfen will. Der Entwurf hat überwiegend eine ungünstige Beurtheilung erfahren. Die Mehrheit des Reichstages hat ihn in der Abstimmung vom 22. Juni 1899 nicht einmal einer Kommissionsberathung für werth erachtet, so daß in der bevorstehenden Tagung der Entwurf unverändert das Plenum des Reichstages in zweiter Lesung beschäftigen wird. Nach der bisherigen Stellungnahme der Mehrheit des Reichstages ist eine Annahme des Entwurfs nicht zu erwarten. Wird er abgelehnt, so ist damit nicht nur die Frage, wie etwa einem unberechtigten Gebrauch des Koalitionsrechtes entgegengearbeitet werden könne, voraussichtlich für längere Zeit von der Tagesordnung abgesetzt, sondern auch die weitere Frage, wie das Koalitionsrecht in vernünftiger Weise zu erweitern und wie sein berechtigter Gebrauch zu erleichtern sei. Beide Fragen stehen in unlöslichem Zusammenhang mit einander, und als den Hauptfehler des Entwurfs vom 26. Mai 1899 muß man die Thatsache bezeichnen, daß er lediglich den Mißbrauch des Koalitionsrechtes einschränken, nicht aber auch dessen berechtigten Gebrauch erleichtern will, daß er nur Negatives, aber nichts Positives zu leisten unternimmt.

Wer auf beide Seiten der Sache sieht, würde es tief beklagen müssen, wenn die ganze Frage im Sande verlaufen sollte. Hat der Entwurf auch so, wie er ist, keine Aussicht auf Annahme, so kann er doch eine Bedeutung gewinnen dadurch, daß er die ganze Frage des Koalitionsrechtes der gewerblichen Arbeiter von Neuem aufrollt. Bestimmt dazu, dem Koalitionszwang entgegen zu treten, hat er auf der einen Seite in den Arbeiterkreisen eine weit verbreitete Beunruhigung erzeugt, die sich stützt auf die — von manchen Seiten geflissentlich genährte — Besorgniß, daß das zur Zeit bestehende beschränkte Koalitionsrecht unwirksam gemacht werden solle, auf der anderen Seite aber auch das Drängen nach Erweiterung der Grenzen der Koalitionsfreiheit wesentlich lebhafter gestaltet. Ohne Zweifel könnte für unsere Gesammtverhältnisse großer Nutzen geschaffen werden, wenn es gelänge, dem Entwurf eine Reihe von Iniativanträgen zur Seite zu stellen und mit ihm zusammen einer Kommission zur Prüfung zu überweisen, Anträge, die allen Parteien, oder doch der Mehrheit des Reichstages als eine mittlere Verständigungslinie, als das in positiver und negativer Richtung im Augenblick Erreichbare erscheinen.

Diesem Gedanken verdankt die gegenwärtige Schrift ihr Entstehen. Sie wird nicht nur den engen Rahmen des Gesetzentwurfs vom 26. Mai 1899 innehalten, sondern alle die schwebenden Fragen mit erörtern, die sich an die Frage der Koalitionsfreiheit unmittelbar anknüpfen. Es ist möglich, ja wahrscheinlich, daß die Parteien, welche im Reichstage demnächst durch Anträge den Entwurf von 1899 ergänzen oder ersetzen werden, nicht über das Gebiet der §§ 152 und 153 der G.O. herausgreifen. Aber es schien mir nöthig, auch für die spätere Behandlung der anderen hieran anschließenden Fragen bestimmte Ziel- und Richtpunkte aufzustellen. Die Schrift ist lediglich der Ausdruck meiner persönlichen Ueberzeugung und soll und will in keiner Weise den Anspruch erheben, die Anschauungen wiederzugeben, die in den Kreisen der nationalliberalen Partei herrschen. Ich zweifle nicht, daß auch in den Kreisen meiner politischen Freunde manche meiner Vorschläge und Ausführungen nicht oder wenigstens noch nicht gebilligt werden. Aber ich hoffe und wünsche, daß man sich innerhalb und außerhalb der Parlamente der Ueberzeugung nicht verschließen wird, daß die Vorschläge, die ich zu machen habe, einen gangbaren Mittelweg darstellen, der nach keiner Seite über die richtige Grenze hinausschlägt.

Vorweg ist noch zu erklären, warum ich mich auf die Kreise der von der Gewerbeordnung erfaßten Arbeiter beschränke. Wohlbekannt ist mir selbstverständlich, daß auch in anderen Arbeiterkreisen die hier berührten Fragen eine große Bedeutung haben und daß auch für diese Kreise von manchen Seiten ein Damm gegen den Koalitionsmißbrauch gewünscht wird. Aber in den Berufszweigen, die nicht von der Gewerbeordnung erfaßt werden, sind wir von einer wirklichen Koalitionsfreiheit noch viel weiter entfernt, als in den gewerblichen Berufen, und mehr als das, die Ansichten gehen darüber noch sehr weit auseinander, ob in jenen Berufen überhaupt das Koalitionsrecht nach dem Vorbild der gewerblichen Berufe ausgestaltet werden kann.

Von der naiven Gläubigkeit an den Segen der Freiheit auf allen Gebieten des wirthschaftlichen Lebens ist man längst zurückgekommen. Man ist sich klar darüber, daß auch in dieser Beziehung Unterschiede zwischen den einzelnen Berufsarten bestehen, und daß sowohl die inneren Verhältnisse einzelner Berufszweige als auch allgemeine Rücksichten zu einem verschiedenen Vorgehen nöthigen. Soweit mir bekannt, wird das auch von freisinniger Seite zugegeben. Aber man ist noch sehr wenig klar darüber, wie nun im Einzelnen mit dem Aufbau und Ausbau des Koalitionsrechtes in anderen als gewerblichen Berufen vorgegangen werden soll. Wollte diese Schrift sich auf alle Berufe schlechthin erstrecken, soweit sie Arbeiter im engeren Sinne beschäftigen, so würde sich damit sofort eine solche Fülle von Fragen und ein solches Maß von Meinungsverschiedenheiten ergeben, daß ein positiver gesetzgeberischer Erfolg nicht zu erwarten sein würde. Das gilt sowohl von der Zulassung oder Erweiterung des berechtigten Gebrauchs der Koalitionsfreiheit, als auch von der Bekämpfung ihres Mißbrauchs. Von letzterer gilt es sogar in ganz besonderem Maße. Es hat keinen Sinn, den Mißbrauch einer Freiheit für solche Kreise zu bekämpfen, die diese Freiheit noch gar nicht haben.

Die Lösung der Koalitionsfrage nach ihrer positiven und negativen Seite für die nicht gewerblichen Kreise muß m. E. zum Gegenstand besonderer gesetzgeberischer Maßnahmen gemacht werden, und diese sind, da die Meinungen noch sehr weit auseinander gehen, im Augenblick nicht zu erreichen. Verquickt man deshalb die Frage des Koalitionsrechtes der gewerblichen Arbeiter (im Sinne der Gewerbeordnung) mit derjenigen der übrigen Berufskreise, so wird man Keinem etwas bringen können, und Niemand würde das schwerer empfinden müssen, als die von der Gewerbeordnung erfaßten Arbeiter und Unternehmer. Hier haben sich die Dinge bereits am weitesten entwickelt, hier drängen die Verhältnisse am schärfsten auf eine neue Regelung und hier gestatten auch die Zustände am ehesten ein Eingreifen der Gesetzgebung. —

II. Der weitere Ausbau des Koalitionsrechtes.

1. Von keiner Seite wird heutzutage ernsthaft geleugnet, daß das Koalitionsrecht für die gewerblichen Arbeitnehmer und Arbeitgeber unentbehrlich ist. Man sieht darin mit Fug und Recht die nothwendige Ergänzung des Grundsatzes, der sich in unserem Jahrhundert zur allgemeinen Geltung durchgerungen hat, daß sich bei Abschluß des Arbeitsvertrages Arbeitgeber und Arbeitnehmer rechtlich frei und gleichberechtigt gegenüber stehen. Auch das wird nicht bestritten, daß der Arbeiter das Recht, sich in sichtbaren Koalitionen zusammen zu schließen noch weniger entbehren kann, als der Arbeitgeber. In den gewerblichen Berufen ist der Kreis der Arbeitgeber viel enger als derjenige der Arbeitnehmer, und meist ist der Arbeitgeber auch der wirthschaftlich stärkere Theil. Eine Verständigung mit den Berufsgenossen kann auf beiden Seiten nöthig werden. Aber für die Arbeitgeber ist sie aus dem angegebenen Grunde in der Regel leichter zu bewirken, und sehr oft wird der Zweck erreicht, ohne daß eine sichtbare, d. h. eine den Außenstehenden wahrnehmbare Form der Vereinbarung benutzt werden muß. Den Arbeitern wird es wegen ihrer größeren Zahl und ihrer geringeren wirthschaftlichen Kraft schon an sich schwerer, sich unter einander zu verständigen, und sie sind dabei auch viel mehr auf sichtbare Koalitionsformen angewiesen.

Die erste Frage, die sich nun erhebt, ist die: haben wir in Deutschland ein ausreichendes Koalitionsrecht? Diese Frage zu stellen, ist doppelt nothwendig, wenn man mißbräuchlicher Anwendung des Koalitionsrechtes mit gesetzlichen Vorschriften entgegentreten will. Wird die Frage verneint, so kann sich eine gesetzgeberische Aktion nicht auf die Bekämpfung des Mißbrauches beschränken, sondern sie muß gleichen Zuges auch das Manko an Freiheit ausgleichen, das noch vorhanden ist. Erst muß man die innerhalb eines geordneten Staatswesens zulässige Freiheit gewährt haben, ehe man mit Verboten oder Strafbestimmungen gegen den Mißbrauch der Freiheit vorgehen kann. Geht man anders vor, so entfesselt man, so wie die Dinge heute liegen, in den am meisten betroffenen Schichten, d. h. also thatsächlich in den Arbeitermassen, eine gefährliche Unruhe und liefert all' denen, die aus irgend einem Grunde die Arbeitermassen in Gährung zu erhalten einen Anlaß haben, einen verhängnißvollen Agitationsstoff. Die Motive zu dem Gesetzentwurf vom 26. Mai 1899 haben die hier angeregte Frage nicht erörtert. Um so mehr muß sie an dieser Stelle in den Vordergrund geschoben werden.

Das Koalitionsrecht der gewerblichen Arbeitgeber und Arbeitnehmer beruht seit 1869 auf dem § 152 der Gewerbeordnung. Derselbe hebt in Abs. 1 auf: „alle Verbote und Strafbestimmungen gegen Gewerbetreibende, gewerbliche Gehilfen, Gesellen oder Fabrikarbeiter wegen Verabredungen und Vereinigungen zum Behufe der Erlangung günstiger Lohn- und Arbeitsbedingungen, insbesondere mittelst Einstellung der Arbeit oder Entlassung der Arbeiter".

Der Schutz, den die Gewerbeordnung gegen landesgesetzliche Verbote und Strafbestimmungen bietet, beschränkt sich hiernach auf Verabredungen und Vereinigungen, welche günstige Lohn- und Arbeitsbedingungen herbeiführen wollen. Alle über diesen Kreis hinausgehenden Vereinigungen und Verabredungen sind von diesem Schutz grundsätzlich ausgeschlossen, also auch alle Vereinigungen und Verabredungen, welche eine sonstige Einwirkung auf die Arbeits- oder Lohnverhältnisse bezwecken, ohne daß es sich gerade um Herbeiführung günstiger Lohn- und Arbeitsbedingungen handelt.

Nach der ständigen Rechtsprechung der obersten Gerichtshöfe bezieht sich der § 152 Abs. 1 fernerhin nur auf diejenigen Koalitionen, welche in einem konkreten Falle die Lohn- oder Arbeitsbedingungen verbessern wollen, welche — wie der Landmann'sche Kommentar zur Gewerbeordnung sagt — „die Erlangung günstiger Lohn- und Arbeitsbedingungen durch unmittelbare Einwirkung auf den anderen Theil zum Zwecke haben und welche sich auf die Veränderung der Bedingungen der Lohn- und Arbeitsverträge in einem *bestimmten* Arbeitsverhältnisse oder einem *bestimmten* Gewerbezweige oder an einem *bestimmten* Orte beziehen". Wollen die

Arbeiter die Lohn- und Arbeitsbedingungen nicht durch unmittelbare Einwirkung auf den oder die betheiligten Arbeitgeber, sondern durch Beeinflussung der Gesetzgebung, durch Eingaben an Verwaltungsbehörden und andere mittelbare Wege erreichen, oder wollen sie eine Verbesserung der Lage der Arbeiter überhaupt herbeiführen, so sind sie ebenfalls von dem Schutz des § 152 ausgeschlossen.

Diese doppelte Begrenzung muß also von der Koalition innegehalten werden, wenn die landesgesetzlichen Verbote und Strafbestimmungen nicht gegen sie sollen angewandt werden können.

Wird die Grenze innegehalten, so können die Koalitionen unter einander in Verbindung treten, bedürfen keiner Genehmigung, sind nicht auf erwachsene männliche Arbeiter beschränkt, können sich also frei bewegen.

Wird die Grenze des § 152 überschritten, so sind die Koalitionen nach dem Reichsrecht nicht verboten und nicht strafbar, es sei denn, daß sie den §§ 128 und 129 des Reichs-Strafgesetzbuches zuwiderlaufen. Das Reichs-Strafgesetzbuch bedroht mit Strafe die Theilnahme an Verbindungen, deren Dasein, Verfassung oder Zweck vor der Staatsregierung geheim gehalten werden soll, oder in welchen gegen unbekannte Obere Gehorsam oder gegen bekannte Obere unbedingter Gehorsam versprochen wird (§ 128), oder zu deren Zwecken oder Beschäftigung es gehört, Maßregeln der Verwaltung oder die Vollziehung von Gesetzen durch ungesetzliche Mittel zu verhindern oder zu entkräften (§ 129). Soweit also Koalitionen, die über die Grenzen des § 152 der G.O. hinausgehen, nicht unter §§ 128 oder 129 des Reichs-Strafgesetzbuches fallen, sind sie nach Reichsrecht zulässig und straflos, aber sie sind nicht geschützt gegen die Verbote und Strafbestimmungen des Landesrechts und unterliegen überhaupt dem Vereins- und Versammlungsrecht der Einzelstaaten.

Das würde nun für die Frage der Handhabung des Koalitionsrechtes nichts auf sich haben, wenn es Unternehmern und Arbeitern immer gelänge, die engen Grenzen des § 152 inne zu halten. Das ist aber in sehr vielen Fällen nicht möglich. Die konkreten Lohn- und Arbeitsbedingungen sind nicht zu trennen von den allgemeinen Lohn- und Arbeitsbedingungen des ganzen Gewerbezweiges und sind vielfach beeinflußt durch die allgemeinen wirthschaftlichen und sozialen Zustände. Die Verfolgung ganz konkreter Ziele ist deshalb oft nicht möglich, ohne auf allgemeine sozialpolitische Bestrebungen überzugreifen. Die Erzielung günstiger Lohn- und Arbeitsbedingungen ist fernerhin nur ein Theil, wenn auch ein sehr wichtiger Theil der Gegenstände, auf die sich die in den Kreisen der Arbeiter herrschenden Bestrebungen richten. Die sozialpolitische Bewegung unserer Zeit ergreift die ganze Lage des Arbeiters. Es ist deshalb sehr oft nicht möglich, sich auf den knappen Spielraum zurückzuziehen, der allein zur Zeit nach § 152 der G.O. den Schutz gegen landesgesetzliche Verbote und Strafbestimmungen sichert.

Die landesgesetzlichen Beschränkungen der Vereinsfreiheit haben hiernach für die Koalitionen eine sehr einschneidende Bedeutung. Je geringer die Vereinsfreiheit ist, desto schwerer ist die praktische Handhabung des Koalitionsrechtes, insbesondere für die Arbeiter, die viel weniger als die Unternehmer ohne feste Vereinsorganisationen auskommen können.

Thatsächlich ist die Vereinsfreiheit in einem Theile der deutschen Einzelstaaten sehr eng begrenzt. Nach den Feststellungen von Loening in seinem Referat auf der Generalversammlung des Vereins für Sozialpolitik 1897 zu Köln, sind in Hessen, Braunschweig, Oldenburg, Sachsen-Altenburg, Schaumburg-Lippe, Schwarzburg-Rudolstadt, Schwarzburg-Sondershausen und Waldeck alle Arbeitervereine und -Verbrüderungen, welche politische, sozialistische oder kommunistische Zwecke verfolgen, verboten, eine Vorschrift, die auf dem Bundestagsbeschluß vom 13. Juli 1854 beruht. Die Vorschrift mag praktisch nicht angewandt werden; aber sie besteht zu Recht und kann bei passender Gelegenheit hervorgeholt werden. Geschieht das, so werden die Arbeiter — und nur diese, da für andere Staatsangehörige das Verbot nicht besteht — vom politischen Vereinsrecht ganz ausgeschlossen. In Reuß ä. L. sind politische Vereine überhaupt verboten, und zu den politischen Angelegenheiten werden hier auch die Gemeindeangelegenheiten gerechnet. Andere Vereine mit mehr als 15 Mitgliedern bedürfen der Genehmigung. In Mecklenburg-Schwerin und Mecklenburg-Strelitz bedürfen alle politischen Vereine, in Elsaß-Lothringen alle Vereine mit mehr als 20 Mitgliedern der Genehmigung. In anderen deutschen Staaten sind so enge Grenzen nicht gezogen, doch fehlt es nicht an vielerlei Beschränkungen der Bewegungsfreiheit.

Als besonders fühlbar hat sich in der Praxis die Vorschrift erwiesen, daß Vereine, die sich mit öffentlichen Angelegenheiten befassen, nicht mit einander in Verbindung treten dürfen; dieses „Verbindungsverbot" besteht in Preußen, Braunschweig, Sachsen, Bayern, Oldenburg, Hessen und einer ganzen Reihe anderer deutscher Staaten, wenn auch in verschiedener Ausgestaltung. Das Verbindungsverbot ist ein Hinderniß gesunden politischen Vereinslebens überhaupt und erschwert auch die Handhabung des Koalitionsrechtes in hohem Maße. Wiederholt und nachdrücklich ist seine Beseitigung gefordert worden, und alle Parteien des Reichstages, mit Ausnahme der konservativen, betrachten diese Maßregel als besonders dringlich, als so dringlich, daß sie der nach vielen Richtungen hin wünschenswerthen sonstigen Reform des Vereinsrechtes vorauszugehen habe. Da Artikel 4, Ziffer 16 der Reichs-Verfassung die Bestimmungen über das Vereinswesen der Zuständigkeit des Reiches vorbehalten hat, so ist es ganz erklärlich, daß man in dieser Beziehung auch praktisch auf die Reichsgesetzgebung zurückgriff. Am 17. Juli 1896 haben dann auch alle Parteien, mit Ausnahme der Rechten, dem vom Abg. Bassermann beantragten Gesetzentwurf zugestimmt, dessen einziger Paragraph lautete: „Inländische Vereine jeder Art dürfen mit einander in Verbindung treten. Entgegenstehende, landesgesetzliche Bestimmungen sind aufgehoben."

Die Reichsregierung hat dem Beschluß noch nicht Folge gegeben. Sie hatte aber gelegentlich der Berathung des Bürgerlichen Gesetzbuches die Aufnahme einer entsprechenden Bestimmung in das Bürgerliche Gesetzbuch nur damit bekämpft, daß das B.G.B. lediglich privatrechtlichen Inhalts sei und daß die Aufnahme der Vorschrift in das B.G.B. überflüssig werde, wenn die betheiligten Regierungen ihren Entschluß, das Verbindungsverbot alsbald aufzuheben, zur Ausführung brächten.

Die betheiligten Regierungen haben eine entsprechende Aenderung der Gesetzgebung meist noch nicht veranlaßt, und wenn auch Schwarzburg-Sondershausen 1896 und Reuß j. L. 1897 das Verbindungsverbot aufgehoben haben, so gilt es doch noch in so großen Gebieten Deutschlands, daß es durchaus berechtigt war, wenn am 6. Dezember 1898 der Abg. Bassermann mit vielen Anderen den früher gestellten Antrag erneuerte.

Soll das Koalitionsrecht nicht in unleidlicher Weise praktisch eingeschränkt bleiben, so ist es dringend nöthig, diesen Antrag, der auf eine Mehrheit rechnen kann, zum Beschluß zu erheben und die Reichsregierung zur Annahme desselben zu bewegen.

Geschieht das, so ist eine der wichtigsten Beschränkungen der Koalitionsfreiheit beseitigt, im Interesse der Arbeiternehmer, wie der Arbeitgeber.

Aber das allein genügt noch nicht. Da, wie gezeigt, in einem Theile der deutschen Staaten politische Vereine entweder allgemein oder nur den Arbeitern verboten sind, so würde bei unverändertem Fortbestehen des jetzigen § 152 Abs 1 der G.O. doch von einem wirklich brauchbaren Koalitionsrecht in einem Theile Deutschlands noch keine Rede sein. Es ist deshalb nöthig, dem § 152 Abs. 1 eine solche Fassung zu geben, daß die Befreiung von den landesgesetzlichen Verboten und Strafbestimmungen allen denjenigen Verabredungen oder Vereinigungen gesichert ist, welche eine Einwirkung auf die Arbeits- oder Lohnverhältnisse bezwecken.

Eine derartige Fassung des § 152 Abs. 1 würde allen berechtigten Wünschen entsprechen. Es wäre dann nicht mehr die Rede von der „Erlangung günstiger Lohn- und Arbeitsbedingungen", sondern ganz allgemein von der „Einwirkung auf die Arbeits- oder Lohnverhältnisse". Darin liegt, daß die von der Rechtsprechung bisher als nöthig angenommene Beschränkung auf ganz konkrete Fälle in Wegfall kommt. Sowohl die mittelbare als auch die unmittelbare Einwirkung kommt in Betracht. Dadurch sind die Koalitionen und insbesondere auch Vereine, deren Zweck sich auf die Einwirkung auf Arbeits- oder Lohnverhältnisse beschränkt, allgemein und zweifellos außerhalb der landesgesetzlichen Verbote und Strafbestimmungen gestellt. Bei Vereinen, die außerdem noch andere Zwecke verfolgen, wird im einzelnen Fall zu prüfen sein, ob sie unter den neuen § 152 Abs. 1 fallen. Dabei wird sich die Entscheidung darnach richten müssen, ob der Schwerpunkt der Vereinsthätigkeit auf der Einwirkung auf Lohn- oder Arbeitsverhältnisse oder auf anderen Zwecken liegt.

Da weiter in der vorgeschlagenen Fassung die Wege zur Einwirkung auf die Arbeits- oder Lohnverhältnisse nicht näher bezeichnet sind, so würde der Paragraph alle gesetzlich zulässigen

Wege mit umfassen. Insbesondere würde auch das Anstreben von entsprechenden Gesetzesänderungen darunter fallen, das der Abgeordnete Roesicke in seinem Antrag vom 18. März 1899 (Drucksachr. des Reichstages Nr. 197) noch besonders hervorgehoben haben wollte.

Rechnet man dazu noch die gleichzeitig durchzuführende Aufhebung des Verbindungsverbotes der politischen Vereine, so wird damit das Koalitionsrecht in einem Umfange gewährleistet, der völlig ausreicht, um den Arbeitern und Arbeitgebern die wünschenswerthe Einwirkung auf die Lohn- und Arbeitsverhältnisse zu ermöglichen. Es giebt dann keine diesem Ziel dienende berechtigte Bestrebung der Arbeitgeber und Arbeitnehmer mehr, für die sich dauernde oder vorübergehende Koalitionen nicht frei bilden könnten. Nur gewisse formelle Vorschriften über Anzeige der Versammlung und dergleichen mehr würden zu erfüllen sein, wenn und soweit die landesgesetzlichen Bestimmungen über Vereins- und Versammlungswesen derartige Formalitäten enthalten. Irgend eine ernsthafte Koalition zur Einwirkung auf die Arbeits- und Lohnverhältnisse wird durch die Erfüllung der formalen Vorschriften nicht gehindert, und deshalb liegt vom Standpunkt des Koalitionsinteresses aus kein Anlaß vor, auch diese außer Anwendung zu bringen.

Eine derartige Ausdehnung des Koalitionsrechtes erscheint mir als eine unabweisbare Nothwendigkeit im Interesse der Arbeitgeber sowohl als im Interesse der Arbeitnehmer. Von manchen Seiten werden dagegen freilich Bedenken erhoben werden; man fürchtet, daß mit dem Ausbau eines so weitgehenden Koalitionsrechtes ernste Gefahren für die Ordnung in den Betrieben und für die sozialen Verhältnisse entstehen und daß die sozialdemokratische Agitation damit noch tiefer in die Arbeitermassen eindringen müsse.

Zugeben muß ich, daß in der Uebergangszeit — wie überall, wo die alten Hindernisse der Koalition beschränkt oder beseitigt wurden — nachtheilige Wirkungen der bezeichneten Art entstehen können. Die Zahl der Koalitionen wird vermuthlich zunächst stark anwachsen. Aber man darf nicht vergessen, daß nach allen geschichtlichen Erfahrungen die Arbeiter, wenn sie das Bedürfniß dazu empfinden, sich stets zu koaliren gewußt haben, gleichviel, welche Verbote und Strafbestimmungen bestanden. Auch wenn man jetzt die vorgeschlagenen Bestimmungen nicht einführen würde, werden sich zahlreiche Koalitionen bilden. Denn daß in den

Arbeiterkreisen ein starkes Koalitionsbedürfniß besteht, ist nicht zu leugnen und ist auch gar nicht auffällig. Die große, rechtlich freie Arbeiterklasse, die in den allermeisten Fällen eine wirthschaftliche Selbständigkeit nicht erlangen kann, ist eben ein Produkt der neuesten Entwickelung, und diese Entwickelung ist so rasch vor sich gegangen, daß noch nicht überall die Form gefunden werden konnte, die den berechtigten Ansprüchen dieser neuen Gesellschaftsschicht vollkommen entspricht. Niemand, der unbefangenen Blickes die Entwickelung der Dinge verfolgt, kann das leugnen, so groß auch die Fortschritte sind, die in der Lebenshaltung der arbeitenden Klassen erzielt sind. Die Koalitionen bleiben uns also nicht erspart, ob wir die Grenzen der Koalitionsfreiheit weiter stecken oder nicht. Stecken wir sie aber weiter, so vollzieht sich die ganze Koalitionsbewegung der Arbeiter im vollen Lichte der Oeffentlichkeit und auf gesetzlichem Boden und wird gerade dadurch fähiger, in geordnete Bahnen überzulenken. Bisher hat sich noch immer gezeigt, daß es das Richtigste ist, Bewegungen, die sich schlechterdings nicht verhindern lassen, durch die Gesetzgebung grundsätzlich anzuerkennen nnd so auf den gesetzlichen, der allgemeinen Beobachtung und Kontrolle zugänglichen Weg hinüberzuleiten.

Dazu kommt aber noch etwas Anderes. Koalitionen werden nicht nur geschlossen, um Arbeitseinstellungen hervorzurufen, sondern auch, um sie zu verhindern oder zu beendigen. Auch in dieser Richtung werden bei Annahme der gemachten Vorschläge den Betheiligten keine Hindernisse in den Weg gelegt. Gerade deshalb werden sich auch die Gegensätze der Interessen innerhalb der Arbeiterschaft Geltung verschaffen können, mehr als bisher. Die bisherige Beschränkung des Koalitionsrechtes hat viel dazu beigetragen, den Gedanken an eine allgemeine Interessensolidarität der Arbeiter hervorzurufen. Nichts hat es der Sozialdemokratie mehr erleichtert, diesen Gedanken in den Arbeiterkreisen groß zu ziehen, als die Schranken, die den Arbeitern bei Wahrnehmung ihrer Interessen im Wege standen. An sich ist diese Interessensolidarität der Arbeiter ein Unsinn. In der Arbeiterschaft bestehen große Unterschiede nach Bildung, nach wirthschaftlicher und gesellschaftlicher Lage, nach Interessen, nach Lebensauffassung, nach Gebieten. Bisher konnten diese Gegensätze verschleiert werden. Giebt man aber jedem berechtigten Interesse den Weg frei, so werden sich die einzelnen

Gruppen und Schichten der Arbeiter auch auf ihre besonderen Interessen besinnen und den Koalitionen, die diese Interessen verletzen, Gegenkoalitionen entgegenstellen.

Damit wird auch der einseitigen Benutzung der Koalitionen im Interesse der sozialdemokratischen Parteibestrebungen ein Riegel vorgeschoben. Der größte Theil der Arbeiter hat bei den letzten Reichstagswahlen nicht sozialdemokratisch gestimmt, und von denen, welche sozialdemokratische Abgeordnete gewählt haben, hat ein sehr großer Theil von den eigentlichen Endzielen der Sozialdemokratie keine Kenntniß und keine richtige Vorstellung. Viele Arbeiter stimmen nur deshalb mit den Sozialdemokraten zusammen, weil ihnen von dieser Seite weitgehende Versprechungen in Bezug auf die Besserung ihrer Verhältnisse gegeben werden, Versprechungen, die der einzelne Arbeiter auf ihre Ausführbarkeit nicht prüfen kann, und weil bei den jetzigen Schranken des Koalitionsrechtes viele Arbeiter den ihren Interessen zuträglichsten Weg eines gemeinsamen Vorgehens zu sehr erschwert finden, als daß sie nicht die Vertreter einer großen politischen Partei als Wortführer hinnehmen sollten.

Auch das darf nicht übersehen werden, daß nicht nur die Arbeiter, sondern auch die Arbeitgeber sich leichter werden zu sichtbaren Koalitionen zusammenschließen können. Für den einzelnen Arbeitgeber, wenn er nicht zu den wirthschaftlich stärksten gehört, liegt darin ein Vortheil, weil er weniger in Gefahr ist, dem Druck der Arbeiterkoalition nachgeben zu müssen, wenn ihn die Gesammtheit oder eine große Zahl seiner Berufsgenossen stützt. Es ist möglich, ja sogar wahrscheinlich, daß in der Uebergangszeit auf Seiten der Arbeitgeber wie der Arbeitnehmer die Koalitionen mehr als ein Mittel des Kampfes aufgefaßt werden. Aber es ist nicht minder möglich und nicht minder wahrscheinlich, daß auf die Dauer beide Theile darin ein Mittel der Verständigung erblicken werden. Ohne Reibungen kann eine so rasche gewerbliche Entwickelung, wie Deutschland sie durchmacht, nicht vor sich gehen. Aber gerade die ungehinderte gemeinsame Aktion zur Wahrnehmung der Interessen wird bei allen Theilen die Ueberzeugung wieder stärken, daß in letzter Linie auch heute noch Arbeitgeber und Arbeitnehmer gemeinsame Interessen haben. Hier muß man doch auf die gesunde Vernunft der realen Verhältnisse vertrauen.

2. Die Gewährung des erforderlichen Koalitionsrechtes durch Aufhebung des Verbindungsverbotes der politischen Vereine und durch Umgestaltung des § 152 Abs. 1 wird namentlich auch die Bildung ständiger Organisationen der Arbeitgeber und der Arbeiter erleichtern, soweit sich ihre Bestrebungen unter den Begriff „Einwirkung auf die Arbeits- oder Lohnverhältnisse" einreihen lassen. Darüber hinaus erstreben die Arbeiter und andere Kreise, und vor Allem die Führer der Arbeiterbewegung vielfach die Bildung von ständigen Arbeitervereinen an, die nicht nur die Einwirkung auf die Arbeits- oder Lohnverhältnisse, sondern die Wahrnehmung gemeinsamer Berufs- und Standesinteressen schlechthin und in jeder Beziehung bezwecken. Für die letzteren Vereine, für die vielfach die englischen Arbeitervereine die Vorbilder gewesen sind, ist neuerdings der Name „Berufsvereine" mehr in Aufnahme gekommen, während früher die Bezeichnung „Gewerkvereine" üblicher war. Hier sei der Name „Berufsvereine" beibehalten.

Das klassische Land für die Bildung der Arbeiterberufsvereine ist England. Aber auch dort umfaßt die Organisation nur etwa ein Fünftel der Arbeiterschaft, obwohl gerade in England die Wurzeln der Bewegung in ältere Zeiten zurückführen. In Deutschland ist die Bewegung erst Ende der sechziger Jahre eingeleitet. Die Sozialdemokraten Lassalleanischer Observanz begannen 1868 mit der Bildung von „Gewerkschaften", die aber später von dem aktiveren und mehr revolutionären Marxismus aufgesogen wurden. Aus den Lassalleanischen Gewerkschaften wurden so Marxistische „internationale Gewerkschaftsgenossenschaften", deren Mitgliederbestand vor Erlaß des Sozialistengesetzes von 1878 auf nicht ganz 60000 Mitglieder angewachsen war. Das Sozialistengesetz vernichtete diese Organisationen. Seit 1880 haben dann die Sozialdemokraten die Bildung lokaler Fachvereine eingeleitet, die 1887 in der „Generalkommission der Gewerkschaften Deutschlands" in Hamburg eine Centralstelle erhielten. Sie hatten es bis 1896 auf 330000 Mitglieder gebracht. Daneben haben sich die Hirsch-Duncker'schen „parteilosen" Gewerkvereine seit 1869 entwickelt, die nach den Anfangs der siebziger Jahre gemachten Erfahrungen den Arbeitseinstellungen gegenüber zurückhaltender sind, als die „Fachvereine". Ihr Mitgliederbestand stellt sich 1897 auf ca. 80000 Mitglieder. Neuerdings sind noch konfessionelle, katholische und evangelische, Arbeitervereine hinzugekommen, von denen die ersteren etwa 150000, die letzteren etwa 50000 Mitglieder umfassen. Im Ganzen sind also rund 610000 Arbeiter in Berufsvereinen organisirt, etwas mehr als ein Zehntel der unfallversicherungspflichtigen gewerblichen Arbeiter.

Während in England die älteren Berufsvereine ihre „revolutionäre Periode", wie das Ehepaar Webb in seiner „Geschichte des britischen Trade-Unionismus" (Stuttgart 1895) sich ausdrückt, hinter sich haben und aus der Zeit der Putsche, der unbedachten Strikes, der blutigen Zusammenstöße in ruhigere Bahnen übergelenkt und namentlich auch Unterstützungszwecke mit aufgenommen haben, sind die jüngeren Gewerksvereine, die besonders die untersten proletarischen Schichten ergreifen, noch ganz in den Bahnen eigentlicher Kampfvereine. Die deutschen „Fachvereine" stecken ebenfalls noch in diesem Stadium.

Die Beurtheilung der Gewerkvereine geht sehr auseinander, hauptsächlich deshalb, weil man die verschiedenen Entwickelungsstadien und Arten nicht genügend auseinander hält. Daß Gewerkvereine nützlich und friedlich wirken können, ist durch die Erfahrungen bewiesen; daß sie es aber nicht unbedingt thun müssen, ist ebenfalls unwiderleglich durch Thatsachen festgestellt.

Was Deutschland anlangt, so liegt kein Anlaß vor, solche Berufsvereine künstlich von oben her groß zu züchten. Es ist immerhin noch fraglich, ob unsere Verhältnisse die einfache Kopie des englischen Vorbildes als zweckmäßig erscheinen lassen. Solche Organisationen müssen sich aus den Bedürfnissen der Betheiligten selbst entwickeln. Aber ebensowenig liegt ein Anlaß vor, einer derartigen Entwickelung schlechthin künstliche Hindernisse durch die Gesetzgebung in den Weg zu legen. Man wird vielmehr wohl unterscheiden müssen, ob der Berufsverein nach dem Inhalt seiner Satzungen in erster Linie eine friedliche Ausgleichung der Interessen von Arbeitgeber und Arbeitnehmer herbeizuführen bestimmt und geeignet ist, oder ob er sich von vornherein als Kampforganisation auf politischem, wirthschaftlichem oder sozialem Gebiet darstellt. Die eigentlichen Kampforganisationen bergen eine Gefahr für die öffentliche Ordnung in sich. Nur ein Theil der Arbeiter, in Wirklichkeit der kleinste Theil, hat ein Interesse daran, seine allgemeiner Berufs- und Standesinteressen auf diesem Wege wahrzunehmen; aber gerade von solchen Kampforganisationen aus wird leicht ein unberechtigter Druck auf weitere Kreise ausgeübt und die ruhige Entwickelung gefährdet. Diese Kampfvereine außerhalb der landesgesetzlichen Verbote und Strafbestimmungen ohne jegliche Garantie zu stellen und ihnen womöglich noch durch Gewährung eines Anspruchs auf Rechtsfähigkeit eine besondere Stärkung zu schaffen, wäre mit der staatlichen Ordnung nicht vereinbar. Anders ist es mit den Berufsvereinen, die sich als Organe eines friedlichen Ausgleichs charakterisiren. Auch diese soll man nicht künstlich großzüchten, aber man soll ihnen auch künstliche Hemmnisse nicht in den Weg legen. Geht man diesen Weg, der sich von künstlicher Förderung und künstlicher Hemmung gleich fernhält, und überläßt man die Bewegung zunächst sich selbst, soweit sie den gesetzlich bezeichneten Voraussetzungen entspricht, so wird sich am ehesten zeigen, ob diese oder eine andere Organisationsform für unsere deutschen Verhältnisse geeignet ist. Von manchen Seiten wird die Ansicht ausgesprochen, daß in Deutschland wegen den Organisationen der Arbeiterversicherung überhaupt das Bedürfniß nach Berufsvereinen geringer sei. Aber es wird sich erst zeigen müssen, ob nicht doch auf Seiten der Arbeiter — ebenso wie auf Seiten der Unternehmer — Bedürfnisse zu Tage treten, die in freien Berufsvereinen besser befriedigt werden können, sofern die Betheiligten das nöthige Maaß von wirthschaftlicher und sozialer Einsicht und von Unterordnungsfähigkeit mit bringen.

Stellt man sich auf diesen ruhigen und unbefangenen Standpunkt, so wird man zunächst damit einverstanden sein müssen, daß das öffentliche Recht in einer Weise umgestaltet wird, welche die Bildung von Berufsvereinen nicht durch künstliche Hindernisse stört, sofern die Berufsvereine bestimmten, gesetzlich zu bezeichnenden Anforderungen genügen.

Man darf annehmen, daß auch die Regierung einem solchen maaßvollen Vorgehen nicht entgegen sein wird. Es kommt also darauf an, im Gesetz die Garantien zu bezeichnen, die den Berufsvereinen den Charakter reiner Kampfvereine abstreifen oder sie vor der Annahme dieses Charakters sichern können.

Daß die Berufsvereine der Arbeiter bei der Wahrnehmung der allgemeinen Berufs- und Standesinteressen Arbeitseinstellungen herbeizuführen oder zu befördern Anlaß haben oder zu haben glauben, wird nicht zu vermeiden sein. Der Gebrauch dieser zweischneidigen Form der Koalition macht allein noch nicht den Verein zu einem reinen Kampfverein. Die Gefahr, daß der Verein einen solchen Charakter annimmt, wird wesentlich abgeschwächt, und der friedliche Ausgleich wird wesentlich erleichtert, wenn der Berufsverein sich von vornherein in seinem Statut verpflichtet, für den Fall eines geplanten Koalitionskampfes zunächst das bestehende zuständige oder ein ad hoc von der für die Errichtung von Gewerbegerichten zuständigen Behörde zu bildendes Einigungsamt anzurufen. Dasselbe gilt für die Arbeitgebervereine, die sich die Wahrnehmung der Arbeitgeberinteressen gegenüber den Arbeitern und deren Vereinigungen zum Ziel setzen, für den Fall einer von ihnen beabsichtigten Arbeiteraussperrung. Nur diese Gruppe der Arbeitgebervereine kommt in diesem Zusammenhang in Betracht, da nur sie als die direkte Gegenorganisation gegenüber den Arbeiterberufsvereinen angesehen werden können. Uebernehmen die Berufsvereine eine derartige Verpflichtung, so kann ihnen, falls die Erfüllung der Verpflichtung hinreichend gesichert ist, nicht mehr zum Vorwurf gemacht werden, daß ihre Thätigkeit das öffentliche Interesse gefährde. Dem öffentlichen Interesse entspricht es gerade, daß eine friedliche Einigung herbeigeführt wird, und diese wird durch die Uebernahme einer solchen Verpflichtung erleichtert. Ein Verein, dessen Satzungen die Uebernahme der genannten Verpflichtung ausdrücklich aussprechen, könnte deshalb außerhalb der landesgesetzlichen Verbote und Strafbestimmungen gestellt werden, wenn gleichzeitig Vorkehrungen getroffen sind, welche eine Umgehung dieser Verpflichtung verhindern. Ein Verein, der im Statut die besprochene Verpflichtung übernimmt, könnte ja immer noch als Kampforganisation wirken, dadurch, daß er zwar selbst keinen Ausstand oder keine Aussperrung hervorruft, aber die Streikenden oder Aussperrenden in umfangreicher Weise mit seinen Geldmitteln unterstützt. Um das zu verhindern, müßte gesetzlich bestimmt werden, daß im Statut die Zweckbestimmung der einzuziehenden Beiträge und des anzusammelnden Vermögens genau festgelegt werden muß und daß die satzungswidrige Verwendung der Vereinsmittel unter den näher zu bezeichnenden Modalitäten die Einziehung des Vermögens zu Gunsten von Einrichtungen, die den Arbeitern zu Gute kommen, zur Folge hat.

Mit diesen Ergänzungen würde die Uebernahme der besprochenen Verpflichtung zur Anrufung des Einigungsamtes den Berufsverein vor der Annahme des Charakters eines Kampfvereins sichern.

Die zu übernehmende Verpflichtung wird hier ausdrücklich auf das Anrufen des Einigungsamtes beschränkt. Eine Verpflichtung, sich dem Spruch des Einigungsamtes zu unterwerfen, kann nicht von dem Berufsverein ein für alle Mal übernommen werden, und ob der Verein sie im einzelnen Fall im Voraus glaubt übernehmen zu können, muß seiner eigenen Entschließung überlassen bleiben. Man muß in diesen Dingen, bei denen eine friedliche Verständigung, eine Versöhnung, aber nicht eine Vergewaltigung angestrebt wird, überhaupt von Zwangsmaßregeln absehen, und deshalb ist es auch berechtigt, daß in Deutschland der Spruch des Einigungsamtes nicht gerichtlich vollstreckbar ist.

In England ist allerdings der Schiedsspruch der Einigungsämter für beide Theile bindend und rechtlich erzwingbar. Aber auch dort legt der concitiation act von 1896 den Nachdruck auf die gütliche Beilegung des Streites. Die gerichtliche Vollstreckbarkeit scheitert praktisch schon daran, daß regelmäßig wenigstens auf Seiten der Arbeiter mehrere oder viele Personen betheiligt sind und daß es nicht möglich ist, diese alle auf dem Zwangswege dahin zu bringen, daß sie sich einem Spruch unterwerfen, den sie als ihren Interessen nicht entsprechend erkennen. Eine Versöhnung läßt sich überhaupt nicht mit mechanischen Machtmitteln erzwingen. Der Weg, den das deutsche Gewerbegerichtsgesetz vom 29. Juli 1890 vorsieht, daß der Schiedsspruch beiden Theilen mit der Aufforderung mitgetheilt wird, sich über ihre Unterwerfung unter den Spruch in bestimmter Frist zu erklären, und daß dann der Spruch mit den beiderseitigen Erklärungen veröffentlicht wird, reicht aus.

Die zu übernehmende Verpflichtung geht auch nicht auf einen Verhandlungszwang. Mehrfach ist ein solcher Verhandlungszwang gewünscht worden. Der Antrag des Abg. Freih. Heyl zu Herrnsheim vom 23. Februar 1899 (Drucks. des Reichstages Nr. 144) wollte ebenfalls die Funktionen des Gewerbegerichts als Einigungsamt dahin erweitern, daß „ein gesetzlich gesicherter Verhandlungszwang eingeführt wird.“ Zu diesem Gedanken hat namentlich die Erwägung geführt, daß eigentlich jeder Streik eine öffentliche Kalamität sei und daß deshalb im öffentlichen Interesse das Einigungsamt mit der Befugniß zur zwangsweisen Vorladung ausgestattet werden müsse.

Man hofft, daß durch die Verhandlungen, auch wenn sie erzwungen sind, doch eine Verständigung in vielen Fällen erleichtert werde. Es komme vor Allem darauf an, daß solche Verhandlungen überhaupt erst eröffnet werden.

Ob sich diese Hoffnung erfüllen wird, ob nicht vielmehr der durch Androhung von Geldstrafe unterstützte Zwang zur Verhandlung die moralische Kraft des Einigungsverfahrens und des etwa abzugebenden Schiedsspruchs abschwächen wird, will ich dahin gestellt sein lassen. Das sind schließlich allgemeine psychologische Erwägungen, die sich bewahrheiten, die sich aber auch als irrig herausstellen können. Wichtiger ist mir die nüchterne Ueberlegung, daß erfahrungsgemäß die Schiedssprüche der Einigungsämter Aussicht auf Erfolg nur dann haben, wenn sie den Machtverhältnissen im gegebenen Falle Rechnung tragen. Das Interesse, das sich stärker zur Geltung bringen kann, wird auch in dem Schiedsspruch zu Tage treten. Zwingt man die beiden Parteien zur Verhandlung, so wird das in der Praxis darauf hinauslaufen, den schwächeren Theil in die ungünstigere Stellung zu drängen. Das mag Manchem ketzerisch klingen, aber es entspricht den wirklichen Verhältnissen. Dazu kommt in Deutschland noch der Umstand, daß die Mitglieder des Einigungsamtes nicht zu den Betheiligten gehören dürfen und daß deshalb die Entscheidung sehr oft in der Hand von Personen liegen wird, die gerade für den vorliegenden Streitfall nicht sachverständig sind. Ueberdies ist m. E. das letzte Wort über die zweckmäßigste Organisation der Einigungsämter noch nicht gesprochen. Was das Gewerbegerichtsgesetz auf diesem Gebiet gebracht hat, ist ein dankenswerther erster Versuch, aber auch nicht mehr. Deshalb glaube ich, daß es nicht zweckmäßig ist, in die jetzt vorhandene Organisation den Verhandlungszwang einzufügen. Zum mindesten ist eine solche Maßregel bei der Unfertigkeit der jetzigen Organisation des Einigungsverfahrens verfrüht. Der Verhandlungszwang besteht auch nicht in England, in welchem Lande ja das Einigungsverfahren am weitesten entwickelt ist und wo schon 1867 die gesetzliche Regelung dieser Materie begonnen hat. Der concitiation act von 1896 giebt dem board of trade zwar das Recht, aus eigener Machtvollkommenheit die Ursachen und Umstände der

Streitigkeit zu untersuchen und Schritte zur Zusammenbringung der Parteien oder ihrer Vertreter unter einem Vorsitzenden zu thun, der in Folge gegenseitigen Uebereinkommens der Parteien bestimmt oder vom Handelsamt oder einer Körperschaft ernannt ist. Aber es ist dem board of trade kein Zwangsmittel gegeben, um diese Verhandlungen herbeizuführen. Ein Einigungsamt zu ernennen, steht dem board of trade nur auf Ansuchen der betheiligten Unternehmer oder Arbeiter zu, und einen Schiedsrichter kann es nur auf Ansuchen beider Parteien bestellen. Auch in dem arbitration act von 1872 und in dem nur für England — nicht auch für Schottland und Irland — maßgebenden arbitration act von 1889 ist kein Verhandlungszwang vorgesehen, und die in diesen Gesetzen erwähnte Verpflichtung zur Unterwerfung unter eine schiedsgerichtliche Entscheidung beruht nur auf dem Arbeitsvertrag, der jederzeit gekündigt werden kann. Das französische Gesetz vom 27. Dezember 1892 kennt ebenfalls einen Verhandlungszwang nicht.

Das, was mit dem Verhandlungszwang erreicht werden soll, wird, soweit Berufsvereine in Betracht kommen, auch dann der Sache nach im wesentlichen erreicht, wenn der Berufsverein sich verpflichtet, vor Durchführung der geplanten Arbeitseinstellung oder Arbeiteraussperrung das bestehende zuständige oder ad hoc zu bildende Einigungsamt anzurufen. Das Einigungsamt hat nach dem Gewerbegerichtsgesetz von 1890 § 62 zwar nur dann die Verpflichtung, der Anrufung stattzugeben, wenn die Anrufung von beiden Theilen ausgeht. Aber es hat unzweifelhaft das Recht, der Anrufung Folge zu geben, auch wenn sie nur von einer Seite ausgeht. Fassen also die Vorsitzenden ihre Aufgabe richtig auf, so können sie in jedem Fall, in welchem der Berufsverein zu einem Koalitionskampf glaubt übergehen zu müssen, auf Anrufen des betreffenden Vereins Auskunftspersonen und Vertreter beider Teile vorladen und vernehmen, um die Verhältnisse klar zu stellen, und darnach eine gemeinsame Verhandlung anberaumen. Der andere Theil, gegen den sich der Koalitionskampf richten soll, ist allerdings gesetzlich nicht verpflichtet, zu der Verhandlung zu erscheinen, und kann dazu nicht gezwungen werden. Aber wenn er sich weigert, trotzdem der angreifende Theil das Einigungsamt angerufen hat, so setzt er sich von vornherein ins Unrecht und verscherzt die Sympathie der öffentlichen Meinung, die bei Koalitionskämpfen heutzutage Partei zu ergreifen pflegt und dadurch eine nicht zu unterschätzende Bedeutung für den Ausgang des Kampfes erlangt hat. Es bedarf deshalb eines besonderen Verhandlungszwanges nicht mehr. Es bedarf auch, soweit rechtsfähige Berufsvereine in Frage kommen, nicht mehr der von den Abg. Trimborn und Dr. Hitze am 18. Januar 1899 (Drucks. des Reichstages Nr. 85) beantragten Befugniß des Gewerbegerichts, auch ohne Anrufen der streitenden Parteien als Einigungsamt einzugreifen, da der Berufsverein, von dem der Kampf geplant wird, zur Anrufung verpflichtet ist.

Von einer Ueberschätzung der Wirksamkeit der Einigungsämter weiß ich mich vollkommen frei. Daß sie nicht alle Streitigkeiten verhindern oder zu friedlichem Ausgleich bringen können, ist zweifellos. Aber daß sie in vielen Fällen versöhnend gewirkt haben, steht fest.

Nach dem „Report on strikes and lockouts of 1893" und nach dem Report des Labour Departement von 1895 hat Hugo, „Die englische Gewerkvereinsbewegung", Stuttgart 1896, S. 176, folgende Zahlen mitgetheilt:

a) Gesamtzahl der eingetretenen Ausstände und Aussperrungen.
b) Beigelegt durch Einigung der auf den Einigungsämtern vertretenen Parteien.
c) Beigelegt durch Schiedsgericht einer dritten Partei.
d) Gesammtzahl der beigelegten Streitigkeiten (Summe von b u. c).

Industrie.	1893				1894			
	a	b	c	d	a	b	c	d
Bergbau	767	430	103	533	851	465	100	565
Eisen- und Stahlindustrie . . .	40	28	11	39	35	32	1	33
Andere Metallgewerbe	2	1	—	1	1	—	—	—
Schiffbau . . .	3	2	1	3	3	1	2	3
Schuhindustrie . .	628	496	126	622	759	578	110	688
Textilindustrie . .	—	—	—	—	13	9	—	9
Baugewerbe . .	2	1	1	2	9	4	4	8
Töpferei	9	9	—	9	9	7	2	9
Druckerei . . .	1	—	—	—	—	—	—	—
Dockarbeit . . .	8	—	—	—	6	5	1	6
Schneiderei . . .	—	—	—	—	21	20	1	21

Hiernach ist in einigen Gewerben die Beileguung aller, in der Mehrzahl der Gewerbe die Beilegung der meisten Streitigkeiten gelungen, und nur ganz ausnahmsweise hat die Einrichtung der Einigungsämter und Schiedsgerichte ganz versagt.

In Deutschland sind die Erfolge bekanntlich viel geringer; aber hier ist auch die ganze Einrichtung jünger und die Neigung zu ihrer Anrufung auf beiden Seiten noch nicht so entwickelt. Es bedarf einer gewissen Zeit, wenn solche Neuerungen sich einleben sollen.

Gerade in letzterer Beziehung wird es sich als nützlich erweisen, wenn die Berufsvereine, um den landesgesetzlichen Verboten und Strafbestimmungen nicht unterworfen zu sein, sich verpflichten, vor Eröffnung des Kampfes das Enigungsamt anzurufen. Das wird im einzelnen Fall dazu beitragen, daß nicht ab irato ein solcher Kampf mit allen seinen schlimmen Folgen begonnen wird. Die Verhandlungen, die hiernach bereits im Anfang einsetzen, können in vielen Fällen schon eine Beruhigung herbeiführen und vorbeugend wirken.

Aber es wird nicht in allen Fällen zu diesem günstigen Ergebniß kommen. Wenn die Verhandlungen ergebnißlos verlaufen, so ist der Kampf nicht zu vermeiden. Um auch für diesen Fall Vorkehrungen zu treffen, empfiehlt es sich, daß die Berufsvereine die weitere Verpflichtung übernehmen, sich auch während des weiteren Verlaufs der Arbeitseinstellung oder der Aussperrung einem Einigungsverfahren nicht zu widersetzen, das dann allerdings von anderer Seite angeregt werden müßte.

Durch eine Ergänzung des § 152 im vorstehenden Sinne wird das öffentliche Recht so umgestaltet, daß die mit dem öffentlichen Interesse vereinbaren Berufsvereine sich ungestört bilden und entwickeln können, und darin würde gegenüber dem bisherigen Rechtszustand ein sehr großer Fortschritt für die an diesen Bestrebungen betheiligten Arbeitgeber und Arbeitnehmer liegen.

Eine andere Frage ist aber, ob auch in privatrechtlicher Hinsicht die ungestörte Entwickelung gesichert sein würde. Die Frage wird vielfach verneint. Das Bürgerliche Gesetzbuch schafft in den §§ 55—79 die Möglichkeit, daß Berufsvereine durch Eintragung in das Vereinsregister beim Amtsgericht Rechtsfähigkeit erlangen. Aber nach § 61 Abs. 2 kann die Verwaltungsbehörde Einspruch erheben, wenn der Verein nach dem öffentlichen Vereinsrecht unerlaubt oder verboten ist, oder wenn der Verein einen politischen, sozialpolitischen oder religiösen Zweck verfolgt. Von diesen Einspruchsgründen würde der erste, wenn § 152 Abs. 1 der Gewerbe-Ordnung nach den vorhin gemachten Vorschlägen geändert würde, keine Gefahr für die den Bedingungen des Gesetzes entsprechenden Berufsvereine in sich schließen, da die etwaigen landesgesetzlichen Verbote und Strafbestimmungen bezüglich dieser Berufsvereine aufgehoben sein sollen. Dagegen würde der zweite Einspruchsgrund von Bedeutung sein. Denn er stützt sich lediglich auf die Thatsache, daß der zur Eintragung angemeldete Verein einen politischen oder sozialpolitischen Zweck — der religiöse Zweck kommt hier nicht in Betracht — verfolgt. Der Berufsverein verfolgt immer einen sozialpolitischen Zweck, und auch politische Zwecke wird man ihm oft zuschreiben müssen. Es genügt also die Thatsache, daß der einzutragende Verein ein Berufsverein ist, um einen Einspruch der Verwaltungsbehörde zu rechtfertigen, und nur noch auf dem Wege des Verwaltungsstreitverfahrens oder Mangels eines solchen auf dem Wege des Rekurses nach Maßgabe der §§ 20 und 21 der Gewerbeordnung kann der Verein den Einspruch anfechten (B.G.B. § 62). Die Klage kann sich aber nur darauf stützen, wie Löning in seinem schon erwähnten Referat für den Verein für Sozialpolitik ausführt, daß der Verein nicht zu einer der in § 61 Abs. 2 angegebenen Arten von Vereinen gehört, nicht aber auch darauf, daß der Verein, obgleich er zu den in § 61 Abs. 2 genannten gehört, die öffentlichen Interessen nicht gefährde, auch wenn er Rechtsfähigkeit erlange. Diese letztere Frage ist im Verwaltungsstreitverfahren überhaupt nicht zu entscheiden. „Steht es fest," sagt Löning, „daß der Verein einer der angegebenen Arten angehört, so kann gegen den Einspruch nur die einfache Verwaltungsbeschwerde erhoben werden. Die Verwaltungsbehörden haben dann allein nach ihrem Ermessen zu entscheiden, ob sie den Einspruch aufrechterhalten oder zurücknehmen wollen. Mit anderen Worten, es ist in das Ermessen der Verwaltungsbehörden gestellt, ob ein politischer, sozialpolitischer oder religiöser Verein zum Erwerb der Rechtsfähigkeit zugelassen wird oder nicht." Diese Bestimmungen sind es, die vom Standpunkt der Berufsvereine gefürchtet werden und auch gefürchtet werden müssen. Die Verwaltungsbehörden können darnach, wenn ihnen Berufsvereine unbequem sind, der Eintragung solcher Vereine die größten Hindernisse in den Weg legen und die Eintragung ganz unmöglich machen. Ueberdies wird sich leicht ein sehr verschiedenes Verhalten gegen die Berufsvereine entwickeln. In Preußen oder Sachsen oder Bayern erhebt vielleicht die Verwaltungsbehörde regelmäßig Einspruch gegen die Verleihung der Rechtsfähigkeit, in Württemberg und Baden vielleicht nicht.

Daraus erklärt es sich, daß wiederholt im Reichstage Anträge gestellt sind, welche die geschilderte Wirkung des § 61 Abs. 2 des B.G.B für die Berufsvereine unmöglich machen wollen. In der Session des Reichstages von 1898/99 ist die Frage, soweit mir bekannt, von drei Seiten angeschnitten worden. Der Abg. Dr. Lieber brachte am 9. Dezember 1898 einen Gesetzentwurf „über die eingetragenen Berufsvereine" ein, dessen § 1 den Einspruch der Verwaltungsbehörden gegen die Eintragung nicht aus dem Grunde für zulässig erklärte, „weil der Verein einen politischen oder sozialpolitischen Zweck verfolgt oder nach dem öffentlichen Vereinsrecht eines Bundesstaates unerlaubt ist oder verboten werden kann". Diesem Centrumsantrag folgte ein von den Freisinnigen und den ihnen politisch nahestehenden Parteien unterstützter Antrag des Abg. Bargmann vom 7. Januar 1899, der einen 59 Paragraphen umfassenden Gesetzentwurf „betreffend die eingetragenen Berufsvereine" vorschlug. Nach diesem Entwurf soll, wenn die Anmeldung formell in Ordnung ist, die Eintragung des Vereins nicht versagt werden können. Ein dritter Antrag ist vom Abg. Rösicke am 18. März 1899 eingebracht; er verlangt einen Gesetzentwurf, durch welchen den Berufsvereinen Rechtsfähigkeit verliehen wird, wenn sie den §§ 50—60 des B.G.B. genügen.

Die Richtung dieser Anträge ist dieselbe. Sie wollen alle den nach § 61 Abs. 2 des B.G.B. zulässigen Einspruch der Verwaltungsbehörde gegen die Eintragung in das Vereinsregister und damit auch gegen die Erlangung der Rechtsfähigkeit der Berufsvereine beseitigen.

Die Frage der Rechtsfähigkeit der Berufsvereine wird nun freilich anscheinend überschätzt. Daß sich Berufsvereine auch ohne Korporationsrechte entwickeln können, hat die Erfahrung in Deutschland und mehr noch in England gezeigt. Die englischen Arbeiterberufsvereine haben erst 1871 die Möglichkeit erlangt, durch Eintragung in die öffentlichen Vereinsregister Rechtsfähigkeit zu erhalten, und doch hatten sie sich bis dahin schon zu einer Macht ausgebildet.

Außerdem bedeutet die Verweigerung der Rechtsfähigkeit nach dem B.G.B. keineswegs, daß die Bildung des Berufsvereins untersagt wird, und auch nicht, daß der Berufsverein rechtlos in privatrechtlicher Beziehung ist. Denn nach § 54 des B.G.B. finden auf nicht rechtsfähige Vereine die Vorschriften des B.G.B. über die Gesellschaft (§§ 705—740) Anwendung. Diese Vorschriften über die Gesellschaft ermöglichen es, durch den Gesellschaftsvertrag dem Berufsverein eine Verfassung zu geben, welche die rechtliche Stellung des Vereins derjenigen eines rechtsfähigen Vereins sehr nähert. Im Nachtheil gegenüber den rechtsfähigen Vereinen würde der nicht eingetragene Verein nur in folgenden Punkten sein. Zuerst können die Rechte, zu deren Erwerb Eintragung in das Grundbuch erforderlich ist, nicht auf den Namen des Vereins eingetragen werden, sondern nur auf den Namen der Vereinsmitglieder, aber mit der Bemerkung, daß ihnen das Recht nur zur gesammten Hand zusteht, d. h. daß der Einzelne nicht darüber verfügen kann. Weiter haften die Vorstandsmitglieder, welche Rechtsgeschäfte abgeschlossen haben, dritten Personen mit ihrem ganzen Vermögen, während der Vorstand eines rechtsfähigen Vereins eine solche Haftung nicht zu tragen hat. Endlich kann der nicht rechtsfähige Verein seinerseits nicht klagen. Verklagt werden dagegen kann er nach der neuen Fassung der Civilprozeßordnung künftig ebenso wie ein rechtsfähiger Verein. Ich bezweifle, daß diese drei Mängel der Wirksamkeit der Berufsvereine ernstlich Abbruch thun könnten. Jedenfalls stehen die deutschen Berufsvereine dabei immer noch besser, als Jahrzehnte lang die englischen, deren Vereinsvermögen bis 1869 jedes rechtlichen Schutzes gegen Diebstahl und Unterschlagung entbehrte und die sich trotzdem hatten entwickeln können.

Immerhin ist der Wunsch nach Verleihung der Rechtsfähigkeit an die Berufsvereine soweit verbreitet, daß man ihn nicht einfach ignoriren kann. Seine glatte und bedingungslose Erfüllung wird freilich an dem Widerstand der verbündeten Regierungen scheitern. Sie haben es unbedingt abgelehnt, allen politischen und sozialpolitischen Vereinen ohne Unterschied den Erwerb der Rechtsfähigkeit zu ermöglichen. Der Staatssekretär des Reichsjustizamtes hat 1896 im Reichstage ausdrücklich erklärt: „Die Verleihung der Rechtsfähigkeit an Vereine bedeute eine beträchtliche Stärkung ihrer Organisation und ihres Wirkens. Es gebe aber unzweifelhaft Vereine und würde deren in Zukunft noch mehr geben, deren Zweck und Thätigkeit gegen die öffentlichen Interessen, wie die Regierungen sie zu schützen hätten, sich richten. Diese Vereine mit den Mitteln der staatlichen Gesetzgebung zu stärken, ohne auf der anderen Seite die Mittel einer nothwendig werdenden Repression zu besitzen, müßten die verbündeten Regierungen unbedingt ablehnen."

Man kann nicht annehmen, daß die verbündeten Regierungen diesen Standpunkt inzwischen verlassen haben. Sie werden sich das Einspruchsrecht der Verwaltungsbehörden gegen die Eintragung der Berufsvereine nicht durch ein neues Gesetz schlechthin entreißen lassen. Will man also etwas Positives erreichen, so wird man darauf verzichten müssen, die einfache Außerkraftsetzung des § 61 Abs. 2 des B.G.B. zu Gunsten der Berufsvereine zu fordern. Wohl aber erscheint es nicht ausgeschlossen, daß die verbündeten Regierungen unter bestimmten Voraussetzungen auf das Einspruchsrecht zu verzichten bereit sein werden. Sie wollen das Einspruchsrecht nur, um nicht auch solchen Vereinen die Rechtsfähigkeit geben zu müssen, deren „Zweck und Thätigkeit gegen die öffentlichen Interessen" gerichtet ist.

Es erscheint als das Richtigste, dieselbe Voraussetzung, die für die Befreiung der Berufsvereine von den landesgesetzlichen Verboten und Strafbestimmungen oben als nöthig, aber auch als ausreichend hingestellt ist, auch für den Verzicht auf den Einspruch der Verwaltungsbehörden gegen die Eintragung der Berufsvereine gesetzlich festzulegen. Damit würde ein klarer und in sich konsequenter Rechtszustand geschaffen. Die Sachlage würde dann einfach die sein, daß jeder Berufsverein, der sich die Existenz und die Rechtsfähigkeit sichern will, dafür eine bestimmte Gegenleistung in seinem Statut auf sich zu nehmen hat, eine Gegenleistung, die sein Auswachsen zu einem reinen Kampfvereine verhindert oder doch erschwert und die Möglichkeit einer friedlichen Arbeit des Vereins so weit steigert, daß die öffentlichen Interessen durch Zweck und

Thätigkeit des Vereins nicht geschädigt, sondern gefördert werden.

Wenn ein eingetragener Berufsverein die satzungsgemäß übernommene Verpflichtung nicht erfüllt, so muß ihm natürlich auf Antrag der nach § 61 des B.G.B. zuständigen Verwaltungsbehörde die Rechtsfähigkeit wieder entzogen werden können, weil die Voraussetzungen nicht erfüllt sind, unter denen auf das Einspruchsrecht der Verwaltungsbehörde verzichtet worden ist. Das alsdann einzuschlagende Verfahren richtet sich nach § 44 des B.G.B.

Im Uebrigen können m. E. die Vorschriften des B.G.B. über die eingetragenen Vereine (§§ 55—79) auch auf die eingetragenen Berufsvereine angewandt werden. Es liegt kein Grund vor, durch Sonderbestimmungen die eingetragenen Berufsvereine über andere eingetragene Vereine hinaus zu erheben.

Insbesondere ist nicht einzusehen, weshalb — wie der Antrag des Abg. Dr. Lieber vom 9. Dezember 1898 (Nr. 52 der Drucksachen des Reichstages) vorschlägt — § 72 des B.G.B. auf eingetragene Berufsvereine keine Anwendung finden soll. Der § 72 legt dem Vorstand die Verpflichtung auf, dem Amtsgericht auf dessen Verlangen jederzeit ein Verzeichniß der Vereinsmitglieder einzureichen. Aus der Stellung und Erfüllung eines solchen Verlangens des Amtsgerichts können dem eingetragenen Berufsverein ebensowenig Nachtheile erwachsen, als anderen eingetragenen Vereinen. Ueberhaupt muß der eingetragene Berufsverein die Vorschriften erfüllen können, die im B.G.B. für alle eingetragenen Vereine gegeben sind.

Die Regelung der ganzen Frage erfolgt, da es sich zunächst nur um die gewerblichen Berufe handelt, am Besten in der Gewerbeordnung durch einen Zusatz zu § 152. Dieser Zusatz würde, um es zusammen zu fassen, auszusprechen haben, daß Arbeitervereine zur Wahrnehmung gemeinsamer Berufsinteressen (Berufsvereine) und Vereine der Arbeitgeber zur Wahrnehmung ihrer Interessen gegenüber den Arbeitern und deren Vereinigungen von den landesgesetzlichen Verboten und Strafbestimmungen befreit werden und daß gegen ihre Eintragung in das Vereinsregister der in § 61 des B.G.B. vorgesehene Einspruch nicht erhoben werden kann, wenn sie folgende Bedingungen erfüllen:

1. Der Verein muß sich durch seine Satzungen verpflichten,

vor Eröffnung einer von ihm geplanten Arbeitseinstellung oder Arbeiteraussperrung das bestehende zuständige oder ein für diesen Fall von der für Errichtung von Gewerbegerichten zuständigen Behörde besonders zu bildendes Einigungsamt anzurufen und sich auch im weiteren Verlauf der Arbeitseinstellung oder Arbeiteraussperrung dem Verfahren vor dem Einigungsamt nicht zu widersetzen.

2. Die Satzungen des Vereins müssen die Zweckbestimmung der einzuziehenden Beiträge und des anzusammelnden Vermögens genau bezeichnen; für den Fall der satzungswidrigen Verwendung der Vereinsmittel muß das Gesetz die Einziehung des Vermögens zu Gunsten von Einrichtungen, die den Arbeitern zu Gute kommen, androhen und die erforderlichen Einzelheiten dieserhalb regeln.

Die hier vorgeschlagene Regelung stellt sich als Kompromißvorschlag dar. Für weitergehende Wünsche hinsichtlich der Zulassung und Rechtsfähigkeit der Berufsvereine wird die Reichsregierung nicht zu gewinnen sein. Deshalb liegt es auch im Interesse der Anhänger der Berufsvereine, sich mit diesem Kompromiß zu begnügen, anstatt durch das Verlangen nach einfacher Beseitigung der landesgesetzlichen Verbote und Strafbestimmungen gegenüber den Berufsvereinen überhaupt und nach einfacher Aufhebung des Einspruchsrechts der Verwaltungsbehörden gegen die Eintragung der Berufsvereine schlechthin für alle diese Vereine die Erlangung der Rechtsfähigkeit auf's Aeußerste zu erschweren.

III. Verhinderung gemeingefährlicher oder mißbräuchlicher Anwendung des Koalitionsrechtes.

Wenn in der vorgeschlagenen Weise durch Aufhebung des Verbindungsverbotes der politischen Vereine, durch Erweiterung der Grenzen des § 152 Abs. 1 und durch Gewährleistung der Zulassung und der Rechtsfähigkeit der Berufsvereine unter bestimmten Voraussetzungen dem Koalitionsrecht eine so weite Ausdehnung gegeben wird, daß alle berechtigten Koalitionen sich bilden können, so ist es auf der anderen Seite um so mehr geboten, aber auch um so mehr möglich, einer gemeingefährlichen oder mißbräuchlichen Ausnutzung dieses Rechtes in verständiger Weise entgegenzutreten.

Für eine Form der mißbräuchlichen Anwendnng des Koalitionsrechtes, nämlich für den Massenkontraktbruch, sollen indeß an dieser Stelle allgemeine Vorschläge nicht gemacht werden. Oft zwar ist der Gedanke aufgetaucht, den Kontraktbruch der Arbeiter und Arbeitgeber ganz allgemein für strafbar zu erklären. Ich kann mich aber dem nicht anschließen. Der Kontraktbruch ist nach deutschem Recht ein civilrechtliches Delikt. Auch der Kontraktbruch der gewerblichen Arbeiter und Unternehmer ist in der Gewerbe-Odnung lediglich als civilrechtliches Delikt behandelt worden, worüber § 124b und § 125 die nöthigen Einzelheiten enthält. Will man den Kontraktbruch dieses Theiles der Bevölkerung schlechthin als strafrechtliches Delikt behandeln, so stellt man Arbeitgeber und Arbeitnehmer der gewerblichen Berufe unter ein Ausnahmegesetz. Wollte man sich aber auch darüber hinwegsetzen, so würde man an einer anderen Schwierigkeit scheitern. Man würde genöthigt sein, für Arbeitgeber und für Arbeitnehmer lediglich Gefängnißstrafe auf den Kontraktbruch zu setzen. Denn wollte man dem Richter die Auswahl zwischen Geld- und Gefängnißstrafe überlassen, so würde es praktisch bald dahin kommen, daß in der Regel der kontraktbrüchige Arbeitgeber mit Geldstrafe, der kontraktbrüchige Arbeiter aber mit Gefängnißstrafe belegt wird. Diese thatsächliche Ungleichheit würde verbitternd wirken und die Verhetzung der Arbeiter erleichtern. Will man das vermeiden und deshalb für beide Theile nur Gefängnißstrafe auf den Kontraktbruch setzen, so würde ein Delikt, das bei allen anderen Bevölkerungsklassen straflos ist, bei gewerblichen Arbeitern und Unternehmern ausnahmslos mit einer entehrenden Strafe belastet, die in sehr vielen Fällen über das im Strafgesetzbuch sonst festgehaltene Maaß im Verhältniß zur Schwere des Delikts weit hinausgeht. Ueber diese Schwierigkeiten kommt man nicht hinweg, und man muß deshalb den Gedanken an eine allgemeine Strafandrohung für den Kontraktbruch gewerblicher Arbeitgeber und Arbeitnehmer schlechthin fallen lassen.

Uebrigens darf man erwarten, daß mehr und mehr gerade der erleichterte Gebrauch des Koalitionsrechtes auch zu einer verständigen Handhabung führen wird. Nothwendig ist der Kontraktbruch jedenfalls für die sich koalirenden Arbeiter angesichts der kurzen Kündigungsfristen bei gewerblichen Arbeitsverhältnissen nicht. In England ist er auch bei den Arbeitseinstellungen selten geworden, und bei den neuesten deutschen Arbeitseinstellungen ist man ebenfalls vielfach auf dem Wege der gemeinsamen Kündigung zum Kampf übergegangen. Wird der Kontraktbruch trotz seiner Entbehrlichkeit von den sich koalirenden Arbeitern oder Arbeitgebern angewandt, so dient das im Allgemeinen nicht gerade dazu, die Sympathien der öffentlichen Meinung für die Streikenden zu verstärken.

Hiernach muß an dieser Stelle die Frage der Bestrafung des Kontraktbruchs von gewerblichen Arbeitern und Arbeitgebern schlechthin ausgeschieden werden; es bleibt aber noch die Frage zu besprechen, wie einem gemeingefährlichen Kontraktbruch, sowie einem Koalitionszwang entgegengewirkt werden kann.

1. Gemeingefährliche Wirkungen können von der mit Kontraktbruch verbundenen Handhabung des Koalitionsrechtes ausgehen, wenn die gemeinsame Unterbrechung der Arbeit in solchen Betrieben eintritt, deren ununterbrochene Durchführung im Interesse der Gesundheit der Bevölkerung und der öffentlichen Sicherheit nothwendig ist. Dahin gehören zunächst die Betriebe der Eisenbahnen. Da diese aber nach § 6 der G.O. nicht unter die Gewerbeordnung fallen und bei dem Ueberwiegen der Staatsbahnen in Deutschland auch besondere Verhältnisse aufweisen, so soll hier auf diese Betriebe nicht näher eingegangen werden.

Innerhalb des Kreises von Betrieben, welcher der Gewerbeordnung unterstellt ist, kommen namentlich diejenigen Werke in Betracht, welche für die Licht- und Wasserbeschaffung und für die Unterhaltung des öffentlichen Verkehrs zu sorgen haben. Eine gemeinsame Unterbrechung der Arbeit in solchen Betrieben gefährdet ohne weiteres die öffentliche Ordnung und Sicherheit und die allgemeinen gesundheitlichen Verhältnisse. Hier sind also auch besondere Vorkehrungen nöthig, um solche Ereignisse zu vermeiden.

Nirgends hat man das schärfer zum Ausdruck gebracht, als in England, eine Thatsache, die merkwürdiger Weise oft übersehen wird. In dem englischen conspiracy act von 1875, der den rechtlichen Ausbau der Koalitionsfreiheit der englischen Arbeiter zum Abschluß brachte, werden Strafen angedroht u. a. auch für den Fall, daß der Vertragsbruch vorgenommen wird von Personen, die im Dienst städtischer Gas- und Wasserleitungs-Unternehmungen stehen und wissen oder anzunehmen hinreichenden Grund haben, daß die wahrscheinliche Folge ihres Kontraktbruchs das gänzliche oder erhebliche Ausbleiben der Gas- und Wasserzufuhr für die Bewohner der Ortschaft sein werde.

Die Strafe ist Geldstrafe bis 20 Pfd. St. oder Gefängniß — mit oder ohne Zwangsarbeit — bis zu 3 Monaten. Gefängniß mit Zwangsarbeit entspricht unserer Zuchthausstrafe.

Soweit zu gehen, ist man in Deutschland im Allgemeinen, soweit ich ich es übersehen kann, nicht geneigt. Von manchen Seiten würde man aber einer einfachen Gefängnißstrafe für den Kontraktbruch der Arbeiter oder Arbeitgeber in Gas-, Elektrizitäts- und Wasserwerken und in Verkehrsanstalten zustimmen.

Gleichwohl halte ich es im Augenblick nicht für zweckmäßig, zu einer Gefängnißstrafe für solche Fälle des Kontraktbruches überzugehen. Man kann es der Zukunft überlassen, zu entscheiden, ob die noch zu machenden Erfahrungen ein so scharfes Eingreifen unentbehrlich machen. Wohl aber erscheint es auch jetzt schon angezeigt, in anderer Weise zum Ausdruck zu bringen, daß die Unterbrechung der Arbeit in Betrieben der erwähnten Art die Gesammtinteressen unmittelbar gefährdet und deshalb erschwert werden muß.

Ein passender, meines Wissens in der englischen Gasindustrie schon mit Erfolg betretener Weg ist vielleicht darin zu finden, daß in solchen Betrieben der Arbeitsvertrag auf längere Zeit bis zu einem Jahr geschlossen wird, derart, daß innerhalb dieser Frist eine Aufkündigung nicht oder erst kurz vor Ablauf der Frist möglich ist. Die G.O. läßt schon jetzt in § 122 die Vereinbarung einer längeren Kündigungsfrist zu, sofern sie für beide Theile gleich lang ist. Aber das Ziel, um das es sich hier dreht, ist damit noch nicht zu erreichen. Denn der § 124a giebt allgemein die Möglichkeit, aus „wichtigen Gründen" das Arbeitsverhältniß auch dann sofort aufzulösen, wenn eine längere Kündigungsfrist vereinbart ist. Die Dehnbarkeit des Begriffes „wichtige Gründe" ermöglicht es schließlich doch, thatsächlich zu beliebiger Zeit das Arbeitsverhältniß zu lösen und es darauf ankommen zu lassen, ob das Gericht später die vorgebrachten Gründe als „wichtig" ansehen wird. Will man die Innehaltung der längeren Vertragsfrist sichern, so darf man die sofortige Aufhebung des Arbeitsverhältnisses nur für den Fall zulassen, daß ein ganz bestimmt bezeichneter und objektiv festzustellender Thatbestand vorliegt. Solche Thatbestände werden in §§ 123 u. 124 der G.O. in hinreichender Zahl aufgestellt, um eine Gefährdung berechtigter Interessen der Betheiligten auch bei längerer Vertragsdauer zu verhindern. Diese Paragraphen lassen sich deshalb auch hier verwerthen. Den § 124a aber muß man von der Anwendung auf die in Rede stehenden Fälle ausdrücklich ausschließen. Im Uebrigen aber müßte die Kündigung während des größten Theiles der Vertragsdauer beiden Theilen untersagt und erst etwa 14 Tage vor Ablauf des Vertrages gestattet sein.

Diesen Weg kann der Arbeitgeber betreten, weil Gas-, Elektrizitäts- und Wasserwerke und Verkehrsanstalten einem so ständigen Bedürfniß gegenüberstehen, daß Konjunkturenschwankungen, die zu rascher Verminderung des Betriebsumfanges nöthigen, nicht eintreten können. Der Arbeitnehmer aber, der in einen solchen Betrieb eintritt, muß sich darüber klar sein, daß hier die allgemeinen Interessen eine gleich freie Bewegung der Arbeiter wie in anderen Berufsarten nicht gestatten.

Die Wirkung eines solchen Vorgehens, für das durch die Arbeitsordnung die nöthigen Regeln zu schaffen sein würden, ist die, daß der Betrieb durch gemeinsame, gleichzeitige Kündigung nicht unterbrochen werden kann. Denn da die Arbeiter zu verschiedenen Zeiten eintreten, so kann ihr Austritt ordnungsmäßig auch nur zu verschiedenen Zeiten erfolgen, und der Betrieb wird deshalb bei geschicktem Vorgehen immer so viel Arbeitskräfte zur Verfügung haben, daß er nicht stillgesetzt werden muß.

Dagegen würde mit einer solchen Bestimmung ein Schutz gegen den Kontraktbruch der Arbeiter in solchen Betrieben noch nicht geboten sein, und ohne diesen Schutz würde die praktische Wirkung des bezeichneten Vorgehens leicht illusorisch gemacht werden können. Wenn eine Strafe für solche Fälle des Kontraktbruches nicht vorgesehen werden soll, so muß durch Erweiterung der zivilrechtlichen Ansprüche gegen den kontraktbrüchigen Arbeiter ein Riegel vorgeschoben werden. Die Handhabe dazu bietet eine Ergänzung der Vorschriften des § 134 Abs. 2 betr. die Vereinbarung über Verwirkung des rückständigen Lohnes für den Fall des Kontraktbruches. Die jetzige zulässige Höchstgrenze der Lohnverwirkung — Betrag des durchschnittlichen Wochenlohnes — reicht für die hier besprochenen Fälle nicht aus; sie beruht auf der Unterstellung, daß normaler Weise eine 14tägige Kündigungsfrist besteht, und daß bei deren Nichtinnehaltung der Lohn für die Hälfte dieser Frist als verwirkt zugelassen werden kann. Baut man diesen Gedanken konsequent weiter aus, so gelangt man dazu, daß bei den besprochenen Unternehmungen, die im öffentlichen Interesse eines besonderen Schutzes gegen den Kontraktbruch bedürfen, die Lohnverwirkung auf den Lohnbetrag für die Hälfte der Vertragsdauer erweitert werden kann. Um aber unnöthige Härten gegen die Arbeiter zu vermeiden, empfiehlt es sich, eine Höchstgrenze — etwa den Lohnbetrag für drei Monate — festzusetzen. Dementsprechend müßte § 134 ergänzt werden.

Um diese erweiterte Lohnverwirkung in der Praxis verwerthen zu können, würde es nöthig sein, bei den Lohnzahlungen einen Bruchtheil des Lohnes so lange einzuhalten, bis der nach dem Vorstehenden zulässige Verwirkungsbetrag erreicht wird. Nach dem jetzigen § 119 a Abs. 1 der G.O. ist das nicht möglich, da hiernach die Lohneinbehaltungen, die bei der einzelnen Lohnzahlung ein Viertel des fälligen Lohnes nicht überschreiten sollen, im Ganzen höchstens den Betrag eines durchschnittlichen Wochenlohnes erreichen dürfen. Man müßte also dem § 119 a Abs. 1 der G.O. einen Satz hinzufügen, der in Gas-, Wasser- und Elektrizitätswerken und Verkehrsanstalten die Aufsummung der einbehaltenen Lohntheile bis zum Lohnbetrage für die Hälfte der Vertragsdauer, höchstens aber bis zum Lohnbetrage für drei Monate gestattet. Wo lediglich wöchentliche Lohnzahlungsperioden bestehen, ist die Lohneinhaltung natürlich umständlicher als da, wo in längeren Fristen der Lohn gezahlt wird. Da aber die Gewerbeordnung Lohnzahlungsfristen nicht vorschreibt, so können die betheiligten Arbeitgeber eine für den besprochenen Zweck bequemere Gestaltung der Lohnzahlungsperioden einführen.

Ein anderer Weg, der sich aber schwer in die Form eines Gesetzesparagraphen bringen läßt, wäre der, daß der Arbeitgeber den Gesammtlohn in einen festen regelmäßig zu zahlenden Betrag und in einen von den Leistungen abhängigen besonderen Vorzugsbetrag, z. B. einen Gewinnantheil zerlegt, der erst nach Ablauf der Vertragsfrist ausgezahlt wird und beim Kontraktbruch der Verwirkung unterliegt.

Gesetzgeberisch lassen sich die entwickelten Gesichtspunkte — um es zusammenzufassen — derart verwerthen, daß zunächst dem § 122 der G.O. ein Zusatz beigefügt wird, nach welchem in Gas-, Elektrizitäts- und Wasserwerken sowie in Verkehrsanstalten durch die Arbeitsordnung (§§ 134a ff.) bestimmt werden kann, daß der Arbeitsvertrag stets auf Fristen bis zu einem Jahr, gerechnet vom Tage des Vertragsabschlusses an, abgeschlossen wird mit der Maßgabe, daß das Arbeitsverhältniß nur 14 Tage vor Ablauf der Vertragsfrist aufgekündigt werden kann, wenn nicht einer der in § 123 und § 124 angegebenen Gründe zur sofortigen Auflösung des Arbeitsverhältnisses berechtigt, und daß mangels der rechtzeitigen Kündigung das Arbeitsverhältniß unter denselben Bedingungen immer auf die ursprüngliche Vertragsdauer weiterläuft, und nach welchem ferner der § 124a auf diese Fälle keine Anwendung findet.

Ferner müßte in § 134 Abs. 2 hinzugefügt werden, daß Unternehmer von Gas-, Wasser- und Elektrizitätswerken sowie von Verkehrsanstalten für den Fall der rechtswidrigen Auflösung des Arbeitsverhältnisses durch den Arbeiter die Verwirkung des rückständigen Lohnes bis zum Lohnbetrage für die Hälfte der Vertragsdauer, längstens aber für drei Monate ausbedingen können. Endlich müßte § 119a dahin ergänzt werden, daß dessen Abs. 1 auf den besprochenen Fall nicht Anwendung findet.

In einer solchen Regelung würde eine Beschränkung des Koalitionsrechtes nur insoweit liegen, als dieses Recht in Form von Arbeitseinstellungen oder Arbeiteraussperrungen angewandt wird, und diese Beschränkung wird durch die überwiegenden öffentlichen Interessen gerechtfertigt, denen ja stets die Sonderinteressen Einzelner weichen müssen. Im Uebrigen aber könnten die Betheiligten sich zu anderen Formen der Koalition zusammenschließen und so den Weg zu einer gemeinsamen Verständigung mit dem anderen Theile finden.

2. Ein unberechtigter Mißbrauch des Koalitionsrechtes liegt auch in dem Koalitionszwang vor. Die Gewerbeordnung hat dem bereits durch § 152 Abs. 2 entgegenarbeiten wollen, der jedem Theilnehmer den Rücktritt von Koalitionen erlaubt und aus den betreffenden Verabredungen und Vereinigungen eine Einrede oder Klage nicht gestattet. Diesen Absatz beizubehalten scheint mir nothwendig, weil

sonst die Furcht vor zivilrechtlichen Nachtheilen als ein starker Druck auf alle die wirken würde, die ihre Interessen in der Theilnahme an der Koalition nicht gewahrt finden. Darin würde namentlich für den Arbeiter, der nur seine Arbeitskraft als Erwerbsquelle hat, eine Beschränkung der persönlichen Entschließung liegen, die gerade dann am wenigsten gerechtfertigt ist, wenn die Koalitionsfreiheit in so weitem Umfange gewährt ist, wie es nach den vorhergegangenen Vorschlägen der Fall sein soll. Dem Recht des Arbeiters, sich zu koaliren, steht gegenüber das Recht des Arbeiters, selbst darüber zu bestimmen, ob er arbeiten will oder nicht. Dieses letztere Recht darf ihm nicht genommen werden. Niemand soll nöthig haben, sich aus Furcht vor zivilrechtlichen Nachtheilen an Koalitionen zu betheiligen, die er nicht als zweckmäßig oder nicht als gerechtfertigt ansieht. Die praktische Bedeutung des § 152 Abs. 2 liegt wesentlich darin, daß er den Arbeiter gegen den Druck seiner Genossen und gegen seine eigene Schwäche und Nachgiebigkeit gegenüber Anderen schützt, und es ist ein durchaus liberaler Gedanke, dem Einzelnen für solche Fälle, in denen seine Interessen nicht mit denen seiner Mitarbeiter zusammenfallen, die Freiheit des Handelns zu sichern. Wollte man, wie es neuerdings mehrfach vorgeschlagen ist, den § 152 Abs. 2 der G.O. streichen, so würde der strafrechtliche Schutz gegen Koalitionszwang für den Arbeiter wirkungslos werden, selbst wenn die strafrechtlichen Bestimmungen viel schärfer angezogen werden, als es im jetzigen § 153 der G.O. der Fall ist.

Demselben Grundgedanken wie § 152 Abs. 2 entspringt auch § 153 der G.O. Auch er richtet sich gegen den Koalitionszwang, aber nicht, wie § 152 Abs. 2 mit zivilrechtlichen, sondern mit strafrechtlichen Bestimmungen. Dabei verfolgt der § 153 natürlich nicht die Absicht, diejenigen Handlungen nochmals aufzuzählen, welche schon nach dem Strafgesetzbuch strafbar sind Dessen bedarf es ja nicht. Keine Handlung, die im Strafgesetzbuch für strafbar erklärt ist, kann dadurch straflos werden, daß sie bei einer Koalition vorgenommen wird. Solcher Handlungen, die auch bei Koalitionen vorkommen können, führt das Strafgesetzbuch eine ganze Menge an. Der § 153 will aber über das allgemeine Strafgesetzbuch hinausgreifen; er will Handlungen, die nach dem Strafgesetzbuch nicht strafbar sind, als Mittel eines unzulässigen und deshalb strafbaren

Koalitionszwanges charakterisiren. Das Vorhandensein des § 153 zeigt also, daß der Gesetzgeber das allgemeine Strafrecht nicht für ausreichend erachtet hat, um das Ziel, das ein liberaler Mann, nämlich Lasker, 1869 aufgestellt hatte, zu erreichen, „daß kein Arbeiter zu einer Vereinigung mit widerrechtlichen Mitteln gezwungen werde". Das Strafgesetzbuch trifft nach Ansicht des Gesetzgebers gewisse Mittel nicht, die bei Koalitionen angewandt werden und den dadurch ausgeübten Zwang als widerrechtlich erscheinen lassen. Nur unter dieser Voraussetzung hatte es einen Sinn, in § 153 der G.O. besondere strafrechtliche Vorschriften zu geben. Deshalb kann auch nicht an sich Anstoß genommen werden daran, daß die in § 153 bezeichneten Handlungen in dieser Form im Strafgesetzbuch nicht vorkommen.

Die zur Ergänzung des Strafgesetzbuches als Mittel des strafbaren Koalitionszwanges bezeichneten Handlungen sind folgende: Körperlicher Zwang, Drohung, Ehrverletzung und Verrufserklärung.

Der Ausdruck „Körperlicher Zwang" ist dem Reichsstrafgesetzbuch fremd. Der Ausdruck „Gewalt" in § 240 des Reichsstrafgesetzbuchs hat noch am meisten Verwandtschaft damit, stellt aber eine strengere und härtere Form des Zwanges dar als der „körperliche Zwang". Manche Formen des körperlichen Zwanges, die nach dem Strafgesetzbuch an sich nicht strafbar sind, weil sie noch nicht als „Gewalt" aufzufassen sind, gelten also nach § 153 der G.O. als Mittel zur Ausübung eines strafbaren Koalitionszwanges.

Die „Drohung" kommt im Strafgesetzbuch vielfach als „qualifizirte Drohung" vor, z. B. in den §§ 176, 177, 249, 255 „Drohung mit gegenwärtiger Gefahr für Leib oder Leben" als Mittel zur Begehung strafbarer Handlung, in § 52 „Drohung, welche mit einer gegenwärtigen, auf andere Weise nicht abwendbaren Gefahr für Leib oder Leben verbunden ist", in § 117 Abs. 2 „Drohung mit Schießgewehr, mit Aexten oder anderen gefährlichen Werkzeugen" beim Widerstand gegen Forst- oder Jagdbeamte u. s. w., in § 113 und § 117 Abs. 1 „Bedrohung mit Gewalt" beim Widerstand gegen Vollstreckungs-, Forst- oder Jagdbeamte u. s. w., in § 106 und § 107 „Bedrohung mit einer strafbaren Handlung" als Mittel, Mitglieder der gesetzgebenden Körperschaften an der Ausübung ihrer Funktionen und Reichsangehörige an der Ausübung ihres verfassungsmäßigen Wahl- oder Stimmrechtes zu verhindern, in § 254 „Bedrohung mit Mord, Brandstiftung oder Verursachung einer Ueberschwemmung“ als Mittel zur Erpressung, in § 240 „Bedrohung mit einem Verbrechen oder Vergehen“ als Mittel der Nöthigung zu einer Handlung, Duldung oder Unterlassung“, in § 241 Bedrohung eines andern „mit der Begehung eines Verbrechens“, die als solche strafbar ist.

Die nicht qualifizirte „Drohung“ erscheint im Strafgesetzbuch niemals an sich als strafbare Handlung, sondern immer nur als Mittel zu einer solchen, so in § 48 als Mittel, Jemand zu einer strafbaren Handlung „vorsätzlich zu bestimmen“, in § 114 als Mittel der „Nöthigung“ gegenüber Behörden oder Beamten, in § 253 als Mittel der „Nöthigung“ zum Zweck der Erpressung, in § 167 als Mittel, Jemand an der Ausübung des Gottesdienstes zu verhindern, in § 234 als Mittel, sich eines Menschen zu bemächtigen, in § 235 als Mittel, minderjährige Personen ihren Eltern oder Vormündern zu entziehen, in § 236 als Mittel, eine Frauensperson wider ihren Willen zu entführen, um sie zur Unzucht zu bringen, in § 362 als Verstärkungsmittel beim Betteln.

Der § 153 der G.O. spricht nur von „Drohungen“ schlechthin, meint also damit alle qualifizirten und nicht qualifizirten Drohungen, soweit sie nicht schon vom Strafgesetzbuch erfaßt sind; aber auch hier ist nicht die Drohung schlechthin strafbar, sondern nur die Ausübung des Koalitionszwanges vermittelst der Drohung.

Die Bezeichnung „Ehrverletzung“ wird im Reichs-Strafgesetzbuch nicht gebraucht. Nur die „Beleidigung“ wird in § 185 ff. des R.St.G.B. als solche für strafbar erklärt. Die „Beleidigung“ als Mittel zum Koalitionszwang in § 153 der G.O. unter Strafe zu stellen, lag kein Anlaß vor, da die „Beleidigung“ im Sinne des Strafgesetzbuches nach dem Gesagten überhaupt strafbar ist, also auch dann, wenn sie als Mittel zum Koalitionszwang gebraucht wird. Der Ausdruck „Ehrverletzung“ kann demnach nicht identisch mit „Beleidigung“ sein, sondern stellt sich als ein weiterer Begriff dar, er will auch solche Verletzungen der persönlichen Ehre einschließen, die sich nicht als „Beleidigung“ qualifiziren. Solche geringeren Verletzungen der persönlichen Ehre sind auch nach § 153 der G.O. nicht an sich strafbar; bestraft wird nur der, welcher die Ehrverletzung zur Ausübung des Koalitionszwanges angewendet hat.

Die „Verrufserklärung“, also die gesellschaftliche Aechtung, kommt im Reichsstrafgesetzbuch überhaupt nicht vor; sie ist allgemein straflos und bleibt es auch nach § 153 der G.O.; aber der mit diesem Mittel ausgeübte Koalitionszwang wird mit Strafe bedroht.

Die Sachlage ist also gegenwärtig die, daß § 153 der G.O. den körperlichen Zwang, die Drohung, die Ehrverletzung und die Verrufserklärung an sich nicht als strafbar bezeichnet und auch den Koalitionszwang nicht schlechthin für strafbar erklärt, sondern ihn nur dann mit Strafe bedroht, wenn er mit einem der vier genannten Mittel oder mit mehreren dieser Mittel zugleich ausgeübt wird.

Wird er mit anderen Mitteln ausgeübt, die das Reichs-Strafgesetzbuch schon als unerlaubt und strafbar hingestellt hat, so ist er ebenfalls strafbar, was als selbstverständlich nicht noch besonders in der Gewerbeordnung gesagt zu werden brauchte.

Wird der Koalitionszwang mit anderen Mitteln ausgeübt, die weder in § 153 der G.O. noch im Reichsstrafgesetzbuch angeführt sind, so ist er straflos, z. B. durch Zureden und Ueberredung, durch Postenstellen, durch Wegnahme oder Vorenthaltung von Arbeitsgeräth, soweit es sich nicht als widerrechtlich im Sinne des Strafgesetzbuches darstellt, durch Belästigungen u. s. w.

Diese Regelung ist vielfach — und nicht erst neuerdings — als unzureichend bezeichnet worden. Es wird ihr einmal vorgeworfen, daß sie nicht alle Fälle des Koalitionszwanges trifft, der mit thatsächlich widerrechtlichen, wenn auch im Reichsstrafgesetzbuche nicht angeführten Mitteln ausgeübt wird, und es wird ihr weiter — speziell von Loening in seinem schon erwähnten Referat — vorgeworfen, daß sie die Anwendung eines der im § 153 angeführten Mittel zum Koalitionszwange Seitens der Arbeiter gegen Arbeitgeber und Seitens der Arbeitgeber gegen Arbeiter überhaupt nicht berührt. Wenigstens hat die Rechtsprechung den § 153 wiederholt in diesem Sinne ausgelegt, wenngleich auch andere Entscheidungen vorliegen. Weiter wird an dem jetzigen § 153 getadelt, daß er sich nur bezieht auf Verabredungen der im § 152 genannten Art, also auf Verabredungen zum Behufe der Erlangung günstiger Lohn- und Arbeitsbedingungen. Der Zwang zur Theilnahme an Verabredungen zu anderen Zwecken wird nicht getroffen. Ebenso wenig wird der Zwang zur Theilnahme an „Vereinigungen“ zum Behufe der Erlangung günstiger Lohn- und Arbeitsbedingungen oder zu anderen Zwecken von dem § 153 berührt. Denn von den „Vereinigungen“ spricht § 153 überhaupt nicht.

Auf dem Gedanken, daß § 153 der G.O. nicht ausreichend sei, beruht auch der Gesetzentwurf vom 26. Mai 1899 „zum Schutze des gewerblichen Arbeitsverhältnisses“. Denn dieser Entwurf ist nichts als eine Umschreibung und Erweiterung des § 153 der G.O., der denn auch nach § 11 des Entwurfs aufgehoben werden sollte.

Auch ich glaube, daß § 153 der G.O. nicht alle Fälle trifft, in denen ein thatsächlich widerrechtlicher Eingriff in die Freiheit des Handelns erfolgt, ohne daß das Strafgesetzbuch eine Ahndung ermöglicht und daß auch das Strafgesetzbuch allein zur Abwehr unberechtigten Koalitionszwanges nicht genügt.

Besondere Strafbestimmungen in dieser Beziehung sind deshalb unentbehrlich. An solchen besonderen Strafbestimmungen neben dem allgemeinen Strafgesetzbuch Anstoß zu nehmen, ist verkehrt.

Das Strafgesetzbuch ist überhaupt nicht die einzige Quelle des Strafrechts. Viele andere Gesetze enthalten noch Strafbestimmungen, durch die das Strafgesetzbuch ergänzt wird. Ich erinnere nur an die Gesetze über den Schutz des geistigen Eigenthums, an die Seemannsordnung, an das Münzgesetz, an das Impfgesetz, an das Preßgesetz, an die Strandungsordnung, an das Nahrungsmittelgesetz, an das Viehseuchengesetz, an das Dynamitgesetz, an das Gesetz, betreffend Verkehr mit Ersatzmitteln für Butter u. s. w. Es ist ein ganz unberechtigtes Verlangen, daß gerade beim Koalitionszwang auf jede Ergänzung des Reichsstrafgesetzbuches verzichtet werden soll. Bietet das Reichsstrafgesetzbuch der persönlichen Handlungsfreiheit des Arbeiters oder Arbeitgebers einen genügenden Schutz gegen den Koalitionszwang nicht, so ist es vollkommen dem System unserer ganzen Strafgesetzgebung angemessen, wenn in dem Spezialgesetz über das gewerbliche Leben, in der G.O., die Schutzmittel ergänzt werden. Das ist ein Satz, den m. E. auch der freisinnigste Mann unterschreiben kann und als solcher geradezu behufs Wahrung der persönlichen Freiheit des Einzelnen auch in Fragen der Berufs- und Standesinteressen unterschreiben muß.

Man wird aber gerade in diesen Dingen den Bogen nicht zu straff spannen dürfen. Daß der Gedanke, Andere mit mehr oder minder sanfter Gewalt der Koalition zuzuführen oder bei ihr fest zu halten, in den an der Koalition betheiligten Personen entsteht, ist leicht erklärlich und natürlich. Denn der Erfolg der Koalition kann durch Abbröckeln von Theilnehmern, durch Fernbleiben von Berufsgenossen, durch Zuzug neuer Kräfte in Frage gestellt werden. Die Betheiligten kommen von selbst durch ihr starkes Interesse an dem Erfolge ihrer Aktion dazu, sich gegen diese Gefahren zu schützen, und es ist schwer, in der Hitze des Kampfes immer die richtige Grenze dabei inne zu halten und die anzuwendenden Mittel kühl und sorgfältig abzuwägen. Der Arbeiter, der die Koalition in seinem Interesse wieder verläßt, wird in den Augen seiner Genossen erklärlicher Weise als Abtrünniger, der Arbeiter, der sie durch sein Fernbleiben oder durch sein Einrücken in die frei gewordene Arbeitsstelle durchkreuzt, als Gegner betrachtet, und Erbitterung gegen ihn kann sich leicht festsetzen. Damit sollen Ausschreitungen nicht beschönigt werden; aber man wird sich dieses Zwanges der Umstände bei Bemessung des Strafmaßes doch erinnern müssen.

Im Uebrigen aber muß der Rechtsstaat, der eine weitgehende Koalitionsfreiheit gewährt, auch darüber wachen, daß die Freiheit des Einzelnen, über die wirthschaftliche Verwerthung seiner Arbeitskraft zu verfügen, nicht durch unzulässige Zwangs- und Einschüchterungsmittel geopfert wird. Man nennt die Koalitionsfreiheit oft ein „Grundrecht" des Arbeiters. Das Recht, über die Verwendung seiner persönlichen Arbeitskraft zu bestimmen, die Arbeitsgelegenheit zu benutzen, die ihm in seinem und der Seinigen Interesse angemessen erscheint, ist nicht minder ein „Grundrecht". Hier steht also „Grundrecht" gegen „Grundrecht" und persönliche Freiheit gegen persönliche Freiheit und berechtigtes Interesse gegen berechtigtes Interesse. In einem Rechtsstaat findet jedes Interesse und jede Freiheit die Grenze der Bethätigung an dem berechtigten Interesse und der Freiheit Anderer. Ein Gebrauch der Freiheit und eine Wahrnehmung des Interesses, die zu Eingriffen in die Rechtssphäre Anderer führt, ist ein Mißbrauch, der nicht geduldet werden kann, und die staatliche Gesetzgebung muß dem in seinen Rechten Bedrohten den nöthigen Rückhalt und Schutz geben. Geschieht das nicht, so müßte ein unbegrenztes Recht der Selbsthilfe des Bedrohten proklamirt werden, und das kann kein moderner Staat thun, weil es zu anarchischen Zuständen führen muß.

Unter den Arbeitern wird es immer verschiedene Ansichten über die nach Lage der Umstände wünschenswerthe oder erreichbare Lohnhöhe und über die Angemessenheit oder Erträglichkeit anderer Arbeitsbedingungen geben. Warum soll nur einer unter diesen Ansichten das Recht, sich zu bethätigen, gegeben werden?

Es wird auch stets Meinungsverschiedenheiten bei den Arbeitern darüber geben, ob eine konkrete Koalition zweckmäßig und berechtigt und aussichtsvoll ist, oder nicht. Warum soll man nur dem einem Theil ermöglichen, die Konsequenzen aus seiner Anschauung zu ziehen?

Ganz dasselbe gilt von den Arbeitgebern. Eines Schutzes gegen den Koalitionszwang bedürfen also Arbeitgeber wie Arbeitnehmer.

Das Reichsstrafgesetzbuch hat auf dieses Bedürfniß besondere Rücksichten nicht genommen und konnte sie als Gesetz allgemeinen Charakters auch nicht nehmen. Es bietet deshalb zwar gegen einen Theil der Mittel zu unberechtigtem Koalitionszwang Schutz, aber nicht gegen alle. Durch Gewalt oder durch Bedrohung mit einem Verbrechen oder Vergehen darf freilich nach § 240 des St.G.B. Niemand zur Theilnahme an oder zum Fernbleiben von einer Koalition genöthigt werden. Beleidigungen, rechtswidrige Zueignung und vorsätzliche rechtswidrige Beschädigung oder Zerstörung von fremden Arbeitsgeräthen und Kleidungsstücken u. dergl. sind ebenfalls nicht zulässig. Verbrechen und Vergehen gegen die öffentliche Ordnung, wie Hausfriedensbruch, Zusammenrottungen und gemeinsame Gewaltthätigkeiten gegen Personen oder Sachen u. dergl., vorsätzliche Mißhandlungen und Gesundheitsbeschädigungen, hinterlistige Ueberfälle und fahrlässige Körperverletzungen und manches Andere darf auch bei Koalitionen nicht begangen werden. Das Alles sind Handlungen, die an und für sich und ganz allgemein mit Strafe bedroht werden. Es giebt also, wie diese lückenhafte Aufzählung zeigt, eine ganze Reihe von Strafbestimmungen, die einen Schutz gegen Koalitionszwang ermöglichen, und der Begriff des „groben Unfugs“ in § 360 Ziff. 11 des R.St.G.B. läßt auch noch gegen manche andere Uebergriffe ein Einschreiten zu. Aber das Reichs-Strafgesetzbuch ist kein Spezialgesetz und beschränkt sich auf die strafbaren Handlungen allgemeinen Charakters. In dem speziellen Falle der gewerblichen Koalitionen ist dadurch die persönliche Handlungsfreiheit noch nicht genügend geschützt. Der § 153 der G.O. führt einige im Strafgesetzbuch nicht erwähnte

Mittel des strafbaren Koalitionszwanges an und er erlangt durch die Erweiterung des Koalitionsrechtes durch die zu § 152 der G.O. gemachten Vorschläge an sich schon eine größere Bedeutung. Aber er bedarf nach den gemachten Erfahrungen einiger Ergänzungen.

Die Mittel des Koalitionszwanges, die in Ergänzung des Strafgesetzbuches als unzulässig zu bezeichnen sind, wird man in einer desfallsigen Spezialbestimmung nicht so allgemein umschreiben dürfen, wie das österreichische Gesetz vom 7. April 1870, das in § 3 von „Mitteln der Einschüchterung oder Gewalt" redet, oder wie das italienische Strafgesetzbuch vom 30. Juni 1889 Art. 165, welches von „Gewalt oder Drohung" ganz allgemein spricht. Solche allgemeinen Umschreibungen können dazu führen, daß die Bestimmungen, welche nur den unberechtigten Koalitionszwang bekämpfen sollen, zu einer Waffe gegen den berechtigten Gebrauch des Koalitionsrechtes werden. Das kann nicht zugelassen werden; wir dürfen die Freiheit, die wir nach den gemachten Vorschlägen ehrlich und rückhaltlos gewähren wollen, nicht durch andere Bestimmungen illusorisch machen. Man wird deshalb, so wenig ich auch sonst einer Kasuistik in dem Gesetzestext das Wort rede, in diesem Falle genau die Mittel angeben müssen, die unzulässig sein und den Koalitionszwang strafbar machen sollen.

Der § 153 der G.O. und ebenso der Gesetzentwurf vom 26. Mai 1899 §§ 1 und 2 führt als unzulässige Mittel des Koalitionszwanges nur auf:

1. Körperlicher Zwang,
2. Drohung,
3. Ehrverletzung,
4. Verrufserklärung.

Hiervon haben, wie nach dem oben Entwickelten ohne Weiteres zugegeben werden wird, die Begriffe „Körperlicher Zwang" und „Ehrverletzung" eine selbständige Bedeutung gegenüber dem Reichsstrafgesetzbuch insofern, als sie den engeren Begriffen „Gewalt" und „Beleidigung" gegenüber stehen. Ein Hineindrängen eines Anderen in die Koalition durch körperlichen Zwang, auch wenn er sich nicht bis zur „Gewalt" im Sinne des Reichs-Strafgesetzbuches steigert, und durch Verletzung der persönlichen Ehre, auch wenn sie nicht als „Beleidigung" erscheint, ist m. E. zu denjenigen Mitteln des Koalitionszwanges zu rechnen, welche mit der Rechtsauffassung weiter Kreise des Volkes in Widerspruch stehen. Körperlicher Zwang und Ehrverletzung können an sich auch in ganz harmlosen Formen vorkommen. Aber wenn sie den Effekt eines Koalitionszwanges haben sollen, dann müssen sie ernsteren Charakters sein, und man darf deshalb darauf rechnen, daß die gesunde Vernunft der Richter die ernsten von den harmlosen Fällen wird unterscheiden können.

Die Verrufserklärung wird — wie schon gesagt — im Reichs-Strafgesetzbuch überhaupt nicht erwähnt. Eine Verrufserklärung, welche als Zwangsmittel wirkt, ist eine schwere Form der gesellschaftlichen Aechtung, und man wird ihr gegenüber den nicht schutzlos lassen können, der durch seine und der Seinigen Interessen nicht zu der Koalition hingedrängt wird und darnach handelt.

Hiernach kann man also den körperlichen Zwang, die Ehrverletzung und die Verrufserklärung aus dem jetzigen § 153 der G.O. und aus dem Gesetzentwurf vom 26. Mai 1899 unbedenklich übernehmen.

Mehr Bedenken haben sich gegen die Uebernahme des Begriffs „Drohung“ erhoben. Man betont, dieser Begriff sei so weit und so vieldeutig, daß es nöthig sei, hier eine genauere Fassung anzuwenden.

Die bisherige Handhabung des § 153 der G.O. hat nun freilich nicht ergeben, daß jede, auch die harmloseste Drohung als strafbares Mittel des Koalitionszwanges angesehen worden ist. Soll die Drohung als Mittel zum Koalitionszwang wirken, so muß sie sich auch in ernster und schwerer Form darstellen. Daß der Richter diesen Gesichtspunkt nicht vergessen wird, darf man wohl annehmen. Ueberdies ist es sehr schwer, den üblichen Begriff Drohung durch andere Worte zu ersetzen. Wollte man das, so bliebe nichts weiter übrig, als bestimmte Nachtheile anzuführen mit denen der Betreffende bedroht wird. Aber eine solche Aufzählung wird nie erschöpfend sein und würde deshalb leicht zur Folge haben, daß schwere Fälle des durch Drohung bewirkten Koalitionszwanges straffrei bleiben. Man läßt es deshalb besser bei dem herkömmlichen, auch in ausländischen Gesetzen in diesem Zusammenhange vorkommenden Begriff „Drohung“.

Die Drohung wird sowohl gegen den, welchen man zur Theilnahme an der Koalition u. s. w. zwingen will, als auch gegen seine Angehörigen angewandt. Ja, die Bedrohung der Angehörigen kommt als Mittel zum Koalitionszwang vielleicht noch häufiger vor, als die Drohung gegen den zu Bestimmenden selbst. Man hat deshalb schon den Gedanken ausgesprochen, die Drohung gegen Angehörige besonders hervorzuheben. Nothwendig scheint mir das nicht. Wenn man einfach das Wort „Drohung" im Gesetzestext gebraucht, so bezieht sich das auf jede Drohung, die stark genug ist, um als Mittel zum Koalitionszwang zu wirken, gleichviel ob sie gegen den zu Zwingenden unmittelbar gerichtet ist oder ob sie sich gegen seine Angehörigen oder gegen sein Eigenthum richtet und so mittelbar einen Zwang auf den Arbeiter ausüben will.

Ich komme also zu dem Schluß, daß bei einer Neugestaltung der strafrechtlichen Bestimmungen gegen den Koalitionszwang, die m. E. am besten durch eine neue Fassung des § 153 der G.O. und nicht durch ein besonderes Gesetz zu erreichen ist, die bisher in § 153 der G.O. als unzulässig bezeichneten vier Wege des Koalitionszwanges wiederum aufzuführen sind, wie es auch der Gesetzentwurf vom 26. Mai 1899 in § 1 gethan hat.

Der Entwurf hat in § 4 Abs. 3 noch eine Bestimmung, welche eine mißbräuchliche Auslegung der dehnbaren Begriffe „Verrufserklärung" und „Drohung" verhindern soll. Dieser wesentlich im Interesse der Arbeiter aufgenommene Satz lautet:

„Eine Verrufserklärung oder Drohung . . . . liegt nicht vor, wenn der Thäter eine Handlung vornimmt zu der er berechtigt ist, insbesondere, wenn er befugterweise ein Arbeits- oder Dienstverhältniß ablehnt, beendigt oder kündigt, die Arbeit einstellt, eine Arbeitseinstellung oder Aussperrung fortsetzt oder wenn er die Vornahme einer solchen Handlung in Aussicht stellt."

Der Satz müßte m. E. auch in die neue Fassung des § 153 aufgenommen werden, was in formeller Beziehung keine Schwierigkeiten machen würde.

Mit einer neuen Fassung des § 153 im vorstehenden Sinne würde der bisherige Rahmen noch nicht überschritten sein. Es fragt sich deshalb, welche weiteren Wege zur Ausübung des Koalitionszwanges noch als unzulässig zu bezeichnen sind. Auf zwei solche Wege deutet der § 4 Abs. 1 u. 2 des Gesetzentwurfs vom 26. Mai 1899 hin, Wege, die man in England kurzweg als „rattening" und „picketing" bezeichnet.

„Rattening“ ist die Wegnahme, Vorenthaltung oder Beschädigung von Handwerkszeug und ähnlichen vom Arbeiter gebrauchten Gegenständen.

In der Schrift von C. Hugo: „Die englische Gewerkvereinsbewegung“ (Stuttgart 1896), die nach G. Howell's Buch „The conflicts of capital and labour“ (1878 erschienen) gearbeitet ist, wird über diese „Unsitte“ gesagt: „Rattening ist unter allen Umständen ein Verbrechen, ein Vergehen gegen das Gesetz; und es wäre hohe Zeit, daß diesem Mißbrauche ein Ende gemacht würde. Er ist eine Schande für das Zeitalter, in dem wir leben, und bildet einen Flecken auf dem Gewerkvereinswesen, den kein Mensch mit einem Körnchen gesunden Menschenverstandes vertheidigen oder entschuldigen kann“. Der Verfasser, der ein warmer Freund des Gewerkvereinswesens ist, giebt mit diesem scharfen Urtheil zu, daß in England das Verfahren des rattening noch immer vorkommt, wenn er es auch als selten hinstellt. Er erwähnt auch ausdrücklich, daß nach neueren Berichten in Sheffield diese Unsitte noch immer nicht ganz ausgerottet sei.

Der Verurtheilung des rattening schließe ich mich vollkommen an. Ich bezweifle indeß, daß sich die Wegnahme oder Zerstörung von Arbeitsgeräth in allen Fällen unter die Rubriken „Diebstahl“, „Unterschlagung“ und „Sachbeschädigung“ des Reichs-Strafgesetzbuches unterordnen läßt, in welchem Falle sie ja an und für sich strafbar wären. Sachbeschädigung liegt nach § 303 des R.St.G.B. vor, wenn Jemand eine fremde Sache „vorsätzlich und rechtswidrig“ beschädigt oder zerstört. Rechtswidrig ist auch die Beschädigung fremden Arbeitsgeräths, Arbeitsmaterials u. s. w. Seitens streikender Arbeiter; das Bewußtsein der Rechtswidrigkeit wird ihnen freilich oft fehlen. Zweifelhaft aber ist, ob der Vorsatz in allen hierher gehörigen Fällen vom Strafrichter würde angenommen werden können. Oft genug wird die Sache so liegen, daß streikende Arbeiter, die sich in größerer Zahl zusammenfinden, durch einen äußeren Anstoß dazu gebracht werden. Bei leidenschaftlich erregten Mengen bedarf es oft nur eines Funkens, um ein gewaltsames Vorgehen herbeizuführen, ohne daß man deshalb gerade von einer klaren, bewußten Absicht, von einem Vorsatz reden kann. Die Absicht geht vielleicht klar auf Verhinderung nichtstreikender Genossen an der Aufnahme oder Durchführung der Arbeit; aber die Mittel, die zu dem Zweck benutzt werden, wählt man oft unter dem Einfluß eines augenblicklichen Impulses. In einem solchen Fall würde zwar unter Umständen, wenn der Thatbestand des § 240 des R.Str.G.B. vorliegt, eine Strafe wegen der gegen die nichtstreikenden Genossen ausgeübten und mit widerrechtlichen Mitteln durchgeführten Nöthigung, aber nicht wegen der dabei mit eingetretenen Beschädigung oder Zerstörung von Sachen eintreten können, d. h. das Strafgesetzbuch würde in den meisten derartigen Fällen versagen.

Diebstahl liegt nach § 242 des R.Str.G.B. vor, wenn Jemand einem Andern eine fremde bewegliche Sache „in der Absicht wegnimmt, dieselbe sich rechtswidrig zuzueignen". Unterschlagung besteht nach § 246 des R.Str.G.B. darin, daß Jemand eine fremde bewegliche Sache, die er in Besitz oder Gewahrsam hat, „sich rechtswidrig zueignet." Bei der Wegnahme und Vorenthaltung von Arbeitsgeräth, um die es sich aber hier handelt, besteht die Absicht nicht, sich die weggenommenen oder vorenthaltenen Arbeitsgeräthe u. s. w. rechtswidrig zuzueignen. Die Wegnahme oder Vorenthaltung erfolgt vielmehr ohne jede Absicht der Aneignung nur zu dem Zwecke, Andere zu einem bestimmten Verhalten zu zwingen. Dagegen bietet also das Strafgesetz keinen Schutz, soweit nicht etwa nach den besonderen Umständen die Anwendung von „Gewalt" im Sinne des § 240 des R.Str.G.B. anzunehmen ist. Auch nach meiner Auffassung muß diese Wegnahme oder Vorenthaltung als solche straflos sein. Strafbar ist nur der auf diesem Wege bewirkte oder versuchte Koalitionszwang. Das Letztere aber ist nothwendig, um widerrechtliche Eingriffe in die persönliche Freiheit zu treffen und zu verhindern; schon die Existenz einer solchen Strafbestimmung wirkt in gewissem Umfange als Vorbeugungsmittel.

In Belgien ist nach Art. 310 des code pénal in der Fassung des Gesetzes vom 30. Mai 1892 der durch Zerstörung oder Unbrauchbarmachung von Werkzeugen, Instrumenten, Apparaten oder Maschinen bewirkte Koalitionszwang strafbar. In Holland ist nach dem Gesetz vom 12. April 1872 strafbar der bewirkte oder versuchte Koalitionszwang durch gewaltsames Wegnehmen, Beschädigen oder Unbrauchbarmachen von Instrumenten und Werkzeugen. Der englische conspiracy act vom 13. August 1875 bestraft die Nöthigung, die dadurch bewirkt wird, daß Jemand unrechtmäßiger Weise und ohne gesetzliche Ermächtigung „Werkzeuge, Kleidungsstücke oder andere Gegenstände“, welche einer anderen Person gehören oder von ihr gebraucht werden, „verbirgt oder ihr vorenthält oder sie am Gebrauche derselben hindert“. Der Gedanke, diesen Weg des Koalitionszwanges durch Strafandrohung zu erschweren, ist also nichts Ungeheuerliches.

Der Gesetzentwurf vom 26. Mai 1899 hatte im § 4, Abs. 1 die „Beschädigung oder Vorenthaltung von Arbeitsgeräth, Arbeitsmaterial, Arbeitserzeugnissen oder Kleidungsstücken“ als unzulässigen Weg zur Ausübung eines Koalitionszwanges erwähnt. Diese Aufzählung der in Betracht kommenden Gegenstände wird man beibehalten können. Auch das Wort „Arbeitserzeugnisse“, das ja an sich einen sehr weiten Sinn hat, kann nicht mißverstanden werden, da es sich in diesem Zusammenhange der Natur der Sache nach nur um Erzeugnisse handeln kann, die als Ergebniß der von dem zu zwingenden Arbeiter ausgeübten Thätigkeit anzusehen sind. Dagegen wird man nicht nur von „Beschädigung oder Vorenthaltung“ reden dürfen, sondern auch die „Wegnahme“ als solche anführen müssen, da sie unter den Begriff „Vorenthaltung“ nicht zu bringen ist. Das Unbrauchbarmachen und Verbergen, wie es in ausländischen Gesetzen nach dem Gesagten erwähnt ist, braucht dagegen nicht besonders genannt zu werden, denn jenes fällt unter den Begriff „Beschädigung“, dieses unter den Begriff „Vorenthaltung.“ Da nun die Wegnahme oder Vorenthaltung oder Beschädigung auch von Seiten solcher Personen erfolgen kann, die dazu befugt sind, z. B. durch einen vom Arbeitgeber oder von einem vorgesetzten Beamten ertheilten Auftrag, so wird man — ähnlich wie das englische Gesetz — ausdrücklich von „widerrechtlicher Wegnahme oder Vorenthaltung oder Beschädigung“ sprechen müssen.

Unter „Picketing“ versteht man in England das Streikpostenstellen. Es wird vielfach behauptet, daß das Postenstellen harmlos sei und als ein Zwangsmittel nicht aufgefaßt werden könne. In vielen Fällen mag das zutreffen, aber nicht in allen. Ich berufe mich auch dafür auf die vorhin erwähnte Schrift von C. Hugo, der diesem Punkte (S. 109 ff.) eine längere Ausführung widmet. Er bemüht sich ebenfalls bei seiner Kritik des Berichtes der Königl. Kommission von 1869, der bereits über Belästigungen, Einschüchterungen und sonstige ungebührliche Beeinflussungen durch die Streikposten klagte, nachzuweisen, daß das Postenstellen im Allgemeinen harmlos sei, aber erklärt doch S. 118: „Die Mißbräuche sind nicht mit dem Gebrauch an sich untrennbar verknüpft; aber es besteht allerdings die Gefahr, daß heftige Leute ohne Selbstbeherrschung in einem Augenblick der Erregung oder Leidenschaft bei der Ausübung ihres unzweifelhaften Rechts die vom Gesetz gezogene Grenzlinie überschreiten und damit die Rechte und Freiheiten eines Anderen beeinträchtigen."

So vorsichtig und milde diese Erklärung nach der ganzen Stellungnahme des Verfassers auch gehalten ist, so giebt sie doch die Möglichkeit eines Koalitionszwanges durch die Streikposten zu. Die Möglichkeit ist auch nicht zu leugnen. Das Ausstellen von Streikposten an sich ist nicht strafbar, soweit es nicht gegen die im Interesse der öffentlichen Ordnung erlassenen Vorschriften verstößt. Aber wenn es als Mittel des Zwanges zur Theilnahme an einer Koalition erscheint, dann ist es nicht mehr harmlos, sondern ein rechtswidriger Eingriff in die Rechtssphäre Anderer. Gegen diesen Eingriff bietet das Reichs-Strafgesetzbuch keinen Schutz. Ich finde keinen Paragraphen, der sich auf diesen Fall anwenden ließe. Es bleibt also nichts Anderes übrig, als in spezialgesetzlichen Bestimmungen die Lücke auszufüllen.

Der Entwurf vom 26. Mai 1899 hatte das beabsichtigt und deshalb in § 4 Abs. 2 von der „planmäßigen Ueberwachung von Arbeitgebern, Arbeitnehmern, Arbeitsstätten, Wegen, Straßen, Plätzen, Bahnhöfen, Wasserstraßen, Hafen- oder sonstigen Verkehrsanlagen" gesprochen.

Der Grundgedanke dieser Bestimmung ist berechtigt; die Form aber ist nicht glücklich. Der Ausdruck „planmäßige Ueberwachung" ist mit Recht als zu unbestimmt und vieldeutig bezeichnet worden; auch hat man mit gutem Grunde die Ausscheidung berechtigter Formen des Postenstehens vermißt. Der englische conspiracy act vom 1875 ist darin vorsichtiger. Das Postenstehen wird dort dahin umschrieben, daß Jemand „das Haus oder die sonstige Stätte, wo diese andere Person wohnt oder arbeitet oder Geschäfte betreibt oder sich zufällig aufhält, oder den Zugang zu dem Hause oder der Stätte bewacht oder besetzt hält". Dabei wird aber ausdrücklich erklärt, daß das Warten an diesen Stätten oder in ihrer

Nähe dann nicht strafbar sei, wenn es „lediglich zu dem Zwecke, Nachricht einzuziehen oder zu geben" erfolgt. Es empfiehlt sich sehr, in ähnlicher Weise auch in Deutschland eine Bestimmung zu fassen, die einen Zwang durch Postenstellen verhindern und unter Strafe stellen will.

Das eben erwähnte englische Gesetz bezeichnet es weiterhin als unzulässigen Weg des Koalitionszwanges, wenn jemand einer anderen Person mit zwei oder mehr Personen „in a disorderly manner" auf Straßen oder Wegen folgt". Auch damit ist eine häufig geübte Art des Koalitionszwanges bezeichnet, die nicht weggelassen werden darf. Der deutsche Entwurf vom 26. Mai 1899 erwähnt den Fall nicht besonders, wenn man nicht etwa die Worte des § 4 Abs. 2 „planmäßige Ueberwachung von Arbeitgebern und Arbeitnehmern" darauf beziehen will, was sehr gezwungen sein würde. M. E. müßte man nicht von planmäßiger Ueberwachung von Arbeitgebern und Arbeitnehmern reden, sondern es im Anschluß an das englische Gesetz als unzulässigen Weg des Koalitionszwanges bezeichnen, wenn Jemand Arbeitgebern oder Arbeitnehmern auf Wegen und Straßen „in a disorderly manner", d. h. in ungehöriger und belästigender Weise folgt.

In Bezug auf diese drei Punkte wird es zweckmäßig und nöthig sein, die Bestimmungen des § 153 der G.O. zu ergänzen und dadurch zum Theil auch Erwägungen Rechnung zu tragen, die in dem Gesetzentwurf vom 26. Mai 1899 zum Ausdruck gekommen sind. Die in § 1, § 2 Ziff. 1 und 2 und § 4 dieses Entwurfs ausgesprochenen Grundgedanken, denen sich 1890 und 1891 auch, wenn ich mich recht erinnere, freisinnige Abgeordnete genähert hatten, lassen sich auf diese Weise verwerthen.

Hiernach würden sich 7 Wege des unzulässigen Koalitionszwanges ergeben:

1. Körperlicher Zwang.
2. Drohung.
3. Ehrverletzung.
4. Verrufserklärung.
5. Rechtswidrige Wegnahme, Vorenthaltung oder Beschädigung von Arbeitsgeräth, Arbeitsmaterial, Arbeitserzergnissen oder Kleidungsstücken.
6. Bewachen oder Besetzthalten von Wohnungen, Arbeitsstätten,

Wegen, Straßen, Plätzen, Bahnhöfen, Wasserstraßen, Hafen- oder sonstigen Verkehrsanlagen oder des Zugangs zu denselben, soweit das Warten oder der Aufenthalt an diesen Oertlichkeiten oder in deren Nähe nicht lediglich zu dem Zweck erfolgt, Nachrichten oder Auskünfte zu geben oder einzuziehen.

7. Ungehöriges und belästigendes Folgen auf Wegen und Straßen.

Will man das m. E. richtige System des § 153 der G.O. beibehalten, so wird man keine dieser Handlungen an sich als strafbar bezeichnen können, sondern nur den durch solche Handlungen ausgeübten Koalitionszwang. Dieser Zwang selbst läßt sich in Anlehnung an den Entwurf vom 26. Mai 1899 § 1 und § 2 Ziff. 1 und 2 in zweckmäßiger Weise dahin umschreiben, daß bestraft wird, wer mit den als unzulässig bezeichneten Mitteln

1. Arbeitgeber oder Arbeitnehmer zur Theilnahme an Vereinigungen oder Verabredungen der im § 152 bezeichneten Art bestimmt oder zu bestimmen versucht oder von der Theilnahme an solchen Vereinigungen oder Verabredungen abhält oder abzuhalten versucht,

2. zur Herbeiführung oder Förderung einer Arbeiteraussperrung Arbeitgeber zur Entlassung von Arbeitnehmern bestimmt oder zu bestimmen versucht oder an der Annahme oder Heranziehung solcher hindert oder zu hindern versucht,

3. zur Herbeiführung oder Förderung eines Arbeiterausstandes Arbeitnehmer zur Niederlegung der Arbeit bestimmt oder zu bestimmen versucht oder an der Annahme oder Aufsuchung von Arbeit hindert oder zu hindern versucht.

Das hier unter 2 und 3 Gesagte steht fast wörtlich in § 2 Ziff. 1 und 2 des Entwurfes. Es ist unentbehrlich, weil es den Zwang zur Theilnahme an solchen Aussperrungen und Ausständen trifft, die nicht durch Verabredung oder Vereinigung entstanden sind. Solche Fälle werden zwar nicht allzu häufig sein, aber vorkommen können sie nach den bisherigen Erfahrungen, und der Zwang zur Theilnahme daran kann, wie der Entwurf richtig annimmt, nicht anders behandelt werden, als wenn die Aussperrung oder der Ausstand auf Grund einer Vereinigung oder Verabredung erfolgt ist.

Das unter 1 Gesagte entspricht dem Inhalt des § 1 des Entwurfs, vermeidet aber den unklaren Ausdruck „wer es unternimmt“. Durch die Bezugnahme auf den nach den oben gemachten Vorschlägen umzugestaltenden § 152 der G.O. wird zugleich der Fehler beseitigt, daß § 1 des Entwurfs den Zwang zur Theilnahme „an Vereinigungen oder Verabredungen, die eine Einwirkung auf Arbeits- oder Lohnverhältnisse bezwecken“, mit Strafe bedroht, obwohl nach dem Entwurf, der ja § 152 der G.O. gar nicht berührt, nirgends Vereinigungen oder Verabredungen dieser Art an sich als zulässig anerkannt sind. Hier zeigt sich einmal recht deutlich, wie nothwendig es ist, nicht nur § 153, sondern auch § 152 zu erweitern.

Die drei Sätze, welche den Koalitionszwang umschreiben, treffen all' diejenigen Fälle des Zwanges, welche mit einem der sieben als unzulässig bezeichneten Mittel vor oder während des Koalitionskampfes stattfinden.

Dieselben Mittel können nun aber auch angewendet werden nach Beendigung des Kampfes gegen diejenigen, welche sich an dem Kampfe nicht betheiligt haben oder sich während des Kampfes zurückgezogen haben, weil ihre und der Ihrigen Interesse das nöthig machten. Bleibt dieser Fall, der jetzt schon nicht selten ist, straflos, so wird er noch viel häufiger werden. Man wird sich dann während des Kampfes vielleicht gegen diejenigen, welche sich am Kampfe nicht betheiligen, einer gewissen Zurückhaltung befleißigen, weil man sich sonst einer Strafe aussetzt. Aber man wird nach Beendigung des Kampfes durch Drohungen, Ehrverletzungen u. s. w. dem Nichttheilnehmer zu Leibe rücken, um ihn aus dem Arbeitsverhältniß herauszudrängen oder ihm andere wirthschaftliche Nachtheile zuzufügen. Das könnte dann ja ungestraft geschehen, da keiner der sieben unzulässigen Wege des Koalitionszwanges an sich strafbar ist und da bei diesen nachträglichen Racheakten ein Zwang zur Theilnahme an einer Koalition, einer Aussperrung oder einem Ausstand überhaupt nicht in Frage steht.

Der Verfasser des Entwurfes vom 26. Mai 1899 hat wohl gefühlt, daß es nicht angeht, die Arbeiter dagegen schutzlos zu lassen. De r§ 6 des Entwurfes bedroht mit Gefängniß bis zu einem Jahr den, der aus Anlaß der Nichtbetheiligung an einem Ausstande oder einer Aussperrung den Arbeiter bedroht oder in

Verruf erklärt. Nur läßt sich in dieser Form die Bestimmung nicht verwerthen. Der Entwurf kommt hier mit sich selbst in Widerspruch. In § 1 und § 2 war nicht die Drohung und Verrufserklärung an sich als strafbar bezeichnet, sondern nur der dadurch ausgeübte Koalitionszwang. In § 6 dagegen wird die Drohung und Verrufserklärung als solche für strafbar erklärt, wenn sie aus Anlaß der Nichtbetheiligung an dem Ausstand u. s. w. stattfindet. Das scheint mir sehr bedenklich; denn es ist ein Bruch mit dem ganzen System, auf dem sich die grundlegenden §§ 1 und 2 des Entwurfes ebenso wie der bisherige § 153 der G.O. aufbauen. Will man konsequent sein, so muß man auch für den in § 6 des Entwurfes behandelten Fall daran festhalten, daß Drohung und Verrufserklärung an sich straffrei sind, daß aber der dadurch ausgeübte Eingriff in die Rechte und Interessen Anderer strafbar sein kann. Dieser Eingriff kann nun nicht nur durch Drohung oder Verrufserklärung, sondern auch durch einen der übrigen als unzulässig bezeichneten Wege des Koalitionszwanges bewirkt werden, z. B. durch Ehrverletzung, durch körperlichen Zwang, durch Wegnahme von Arbeitsgeräth, durch lästiges Folgen auf den Straßen u. s. w. Warum soll ein mit diesen letzteren Mitteln bewirkter Eingriff nicht ebenfalls strafbar sein? Das, was der § 6 des Entwurfes will, würde man folgerichtiger und zweckmäßiger dadurch erreichen, wenn man in § 153 der G.O. sagte, daß bestraft wird, wer durch eines der (auf S. 52 angeführten) unzulässigen Zwangsmittel Personen, welche nicht oder nicht dauernd an einem Arbeiterausstand oder einer Arbeiteraussperrung theilgenommen haben, aus Anlaß dieser Nichtbetheiligung aus dem Arbeitsverhältniß herauszudrängen oder sonst wirthschaftlich zu schädigen sucht. Eine solche Bestimmung ließe sich den auf Seite 53 angeführten drei Sätzen, welche den Koalitionszwang umschreiben, zwanglos als vierter Satz anreihen.

Was das für diese Fälle vorzusehende Strafmaß anlangt, so droht das italienische Strafgesetzbuch vom 30. Juni 1899 Art. 165 Gefängniß bis zu 20 Monaten und Geldstrafe von 100 bis 3000 Lire und Art. 166 nur Gefängniß bis zu 20 Monaten an. Art. 165 bezieht sich allgemein auf Beschränkung oder Hinderung der Freiheit eines Anderen in seinem Gewerbe oder Handelsbetriebe durch Gewalt oder Drohung; Art. 166 betrifft die Herbeiführung oder Weiterführung einer Arbeitsunterbrechung oder Arbeitseinstellung durch Gewalt oder Drohung. Belgien (Ges. vom 30. Mai 1892) setzt für den unzulässigen Koalitionszwang Gefängniß von einem Monat bis zu zwei Jahren und Geldstrafe von 500 Frcs. oder eine dieser Strafen an. Schweden bestraft die widerrechtliche Nöthigung durch Gewalt oder Bedrohung allgemein mit Zuchthaus bis zu zwei Jahren. Im Kanton Solothurn wird die Nöthigung mit Gefängniß oder mit Geldbuße bis zu 500 Frcs., im Kanton Zürich mit Gefängniß und Geldbuße bis zu 2000 Frcs. oder mit einer dieser Strafen belegt. In Holland bedroht das Gesetz vom 12. April 1872 die gewaltsame Nöthigung bei Koalitionen mit Gefängniß von einem Monat bis zu zwei Jahren und mit Geldstrafe von 20 bis 800 Gld. oder mit einer dieser Strafen.

Gegenüber diesen sehr harten Strafen begnügt sich England (conspiracy act von 1875) bei allen Fällen strafbaren Koalitionszwanges mit Geldstrafe bis zu 20 Pfd. Strl. oder mit Gefängniß bis zu drei Monaten, läßt aber auch Gefängniß mit Zwangsarbeit, also Zuchthaus zu. In Oesterreich ist nach § 3 des Gesetzes vom 7. April 1870 für strafbare Fälle des Koalitionszwanges Arrest von acht Tagen bis zu drei Monaten vorgesehen. Damit trifft auch der § 153 der deutschen Gewerbeordnung insofern zusammen, als er nur Gefängnißstrafe, nicht auch Geldstrafe androht und für jene das Höchstmaaß auf drei Monate festsetzt.

M. E. kann nur Gefängnißstrafe in Betracht kommen; eine Auswahl unter Geld- und Gefängnißstrafe ist hier aus denselben Gründen nicht angebracht, die schon bei Besprechung einer etwaigen Bestrafung des Kontraktbruchs angeführt sind. Daß man bei Bemessung des Strafmaaßes nicht zu rigoros sein darf, ist bereits auseinandergesetzt. Immerhin wird man über die bis jetzt vorgesehenen drei Monate Gefängniß hinausgehen können, da nach dem Vorstehenden die strafbare Handlung so genau umschrieben werden soll, daß ein Mißbrauch nicht wohl möglich ist. Eine Höchststrafe von sechs Monaten dürfte als ein passendes Mittelmaaß erscheinen, hoch genug, um von dem Koalitionszwang und dem Versuch dazu abzuhalten, und um schwere Fälle des Zwanges entsprechend zu ahnden, und mäßig genug, um wirkliche Härten hintanzuhalten, namentlich dann, wenn für die einfache Strafthat der Richter nicht an ein Mindestmaaß gebunden ist, und wenn für den Fall, daß mildernde Umstände vorliegen, statt der Gefängnißstrafe Geldstrafe eintreten kann. Auch der Entwurf vom 26. Mai 1899 hatte mildernde Umstände zugelassen und für diesen Fall ein Höchstmaaß von 1000 M. vorgesehen, während für die Gefängnißstrafe ein Jahr als Höchstmaaß bezeichnet war. Nach meinen Vorschlägen würde für beide Strafarten das Höchstmaaß auf die Hälfte herabzusetzen sein.

Wenn vielfach verlangt worden ist, auch den Anstifter für strafbar zu erklären, so ist das an sich berechtigt. Aber es bedarf nach den allgemeinen Grundsätzen des Strafrechts einer besonderen Bestimmung darüber im § 153 der G.O. nicht.

Auch den Gedanken, für das gewohnheitsmäßige Vorgehen eine Mindeststrafe festzusetzen, kann man m. E. aus dem § 153 herauslassen. Der Richter wird selbst den ihm gegebenen Spielraum im Strafmaaß dahin verwerthen, daß er den, welchen er als gewohnheitsmäßigen Thäter kennen lernt, schärfer bestraft als Andere. Aber in die gesetzlichen Vorschriften läßt sich ein Zwang auf den Richter zu einem solchen Vorgehen schlecht aufnehmen, weil alle dabei anzuwendenden Ausdrücke sehr dehnbar sind. Das gilt von der Fassung des Entwurfes von 1890: „Ist die Handlung gewohnheitsmäßig begangen", und es gilt noch viel mehr von dem § 3 des Entwurfes vom 26. Mai 1899 „Wer er sich zum Geschäfte macht" u. s. w.

M. E. würde eine neue Fassung des § 153 im Sinne der vorstehenden Ausführungen Alles das enthalten, was an praktisch verwerthbaren Gedanken in dem Entwurf vom 26. Mai 1899 steckt, und diese Gedanken gesetzgeberisch auszugestalten neben der vorgeschlagenen Erweiterung des Koalitionsrechtes, scheint mir in jeder Weise angemessen, um die wichtige, schon oft erörterte Frage für längere Zeit zu einem nützlichen Abschluß zu bringen.

3. Der mißbräuchlichen Anwendung des Koalitionsrechtes wirkt mittelbar auch eine möglichst klare Erkenntniß der thatsächlichen sozialen Verhältnisse entgegen. Deshalb gewinnt in diesem Zusammenhange die Pflege der Arbeits- und Sozialstatistik eine besondere Bedeutung. Wiederholt ist im Reichstage die Anregung gegeben, besondere Organe zur Pflege der Arbeits- und Sozialstatistik zu schaffen. Auch in der letzten Session ist die Frage

mehrfach berührt worden. In dem Antrage der Abgg. Dr. Lieber und Dr. Hitze vom 6. Dezember 1898 (Drucks. d. Reichstages Nr. 46) waren „Arbeitskammern" vorgeschlagen, die nach den Erläuterungen des Abg. Dr. Hitze in der 72. Sitzung des Reichstages vom 26. April 1899 aus Arbeitgebern und Arbeitnehmern bestehen sollten und deren Aufgabe u. A. auch die „Klarstellung der wirthschaftlichen und sozialen Verhältnisse durch statistische Erhebungen, Vernehmung der Betheiligten über Entwickelung der Industrie, Lage der Arbeiter, Kosten der Lebenshaltung, Stand und Fortschritte der Löhne" umfassen sollte (Stenogr. Ber. der 72. Sitzung S. 1938). Die Organe sollten sich gliedern in Lokal- und Bezirkskammern, die dann ihre Zentralstelle in einem Reichsarbeitsamt finden sollten. Den letzteren Gedanken für sich suchte der Antrag der Abgg. Dr. Pachnicke und Roesicke vom 12. Dezember 1898 zu verwirklichen, nach welchem der Reichskanzler ersucht werden sollte, dahin zu wirken, „daß ein Reichsarbeitsamt errichtet werde, welchem die Untersuchung und Feststellung der Arbeiterverhältnisse im Deutschen Reiche unter Hinzuziehung von Vertretern der Arbeitgeber und Arbeitnehmer obliegt" (Drucks. d. Reichstages Nr. 61).

Zwischen beiden Anträgen besteht Uebereinstimmung insofern, als beide eine wirksamere Pflege der Arbeits- und Sozialstatistik ins Auge fassen. Aber während der Antrag des Abg. Dr. Pachnicke sich auf diesen Punkt beschränkt, will der Antrag des Abg. Dr. Lieber als Ergänzung der Berufsvereine offizielle Organe zur Interessenvertretung schaffen, deren Aufgaben nach den vom Abg. Dr. Hitze in der Sitzung vom 26. April 1899 gegebenen Erklärungen sehr weit über die Pflege der Statistik hinausgehen sollten. Schon im Jahre 1885 war von sozialdemokratischer Seite die Bildung von Arbeitsämtern, Arbeitskammern und eines Reichs-Arbeitsamtes angeregt worden, Organe, denen auch Festsetzung von Minimallöhnen und andere weitgehende Aufgaben zugedacht waren. In Belgien und Holland ist der Gedanke von Arbeitskammern, welche Arbeitgeber und Arbeitnehmer umfassen, gesetzgeberisch verwerthet worden. In Belgien sind 1887 „Industrie- und Arbeitsräthe" gesetzlich organisirt worden; in Holland hat das Gesetz vom 2. Mai 1897 „Kamers van Arbeid", bestehend aus Arbeitgebern und Arbeitnehmern, zur Sammlung von Aufklärungen, zur Erstattung von Gutachten, zur Beilegung von Streitigkeiten zwischen Arbeitgebern und Arbeitnehmern geschaffen. Sonst ist der Gedanke eigentlicher „Arbeitskammern“ im Sinne des Antrags des Abg. Dr. Lieber nirgends verwirklicht. Auch staatlich organisirte „Arbeiterkammern“, die nur aus Arbeitern bestehen und als eine mit besonderen Obliegenheiten und Befugnissen ausgestattete Interessenvertretung wirken sollen, sind nicht zu Stande gekommen. In Oesterreich hat gerade dieser Gedanke wiederholt in Petitionen und Anträgen Ausdruck gefunden; es sind dort auch weitschichtige Untersuchungen angestellt worden, ohne daß ein praktisches Ergebniß erzielt worden wäre.

Die Frage staatlich organisirter, einseitiger Arbeiterkammern oder auch paritätisch zusammengesetzter Arbeitskammern ist noch keineswegs spruchreif, und über die zweckmäßigste Art ihrer Organisation und über ihre Befugnisse bestehen die größten Meinungsverschiedenheiten. Die Unternehmer stehen solchen durch die Gesetzgebung aufoktroyirten Organen vielfach sehr mißtrauisch gegenüber. In den Arbeiterkreisen selbst hat sich ein besonderes Interesse daran bis jetzt nicht gezeigt; der Charakter einer staatlichen Organisation, der diesen Instituten nach den gestellten Anträgen anhaften soll, nimmt ihnen in den Augen eines Theils der Arbeiter den Werth. Es kann dahingestellt bleiben, wie weit sich Formen finden lassen, die in Deutschland den Arbeitern die Wahrnehmung ihrer Interessen innerhalb amtlicher Organe ermöglichen. Gegenwärtig würden solche Anträge, wie auch die Reichstagsverhandlungen im Frühjahr 1899 gezeigt haben, eine Mehrheit schwerlich finden.

Uebrigens wäre es auch unzweckmäßig, mit staatlichen Organisationen vorzugehen, noch ehe durch den Ausbau des Koalitionsrechtes der freien Bethätigung der Betheiligten selbst die Wege geöffnet sind. Da nach den in dieser Denkschrift gemachten Vorschlägen die nöthige Bewegungsfreiheit für die Koalitionen geschaffen werden soll, ist es aus praktischen Rücksichten jedenfalls besser, zunächst abzuwarten, in welchem Maaße diese Freiheit den Arbeitern eine wirksame Kundgebung und Wahrnehmung ihrer Interessen ermöglichen wird. Erst dann wird sich entscheiden lassen, ob es noch besonderer staatlicher Organisationen hierfür bedarf.

Dagegen zwingt gerade die Erweiterung der Grenzen des Koalitionsrechtes dazu, die Frage, über die bei allen sonstigen

Meinungsverschiedenheiten doch Einstimmigkeit herrscht, einer Lösung entgegenzuführen, nämlich die Frage der Pflege der Arbeits- und Sozialstatistik. Daß auf diesem Gebiete in Deutschland mehr als bisher geschehen muß, darüber besteht kein Zweifel. Eine gute Sozialstatistik ist selbst schon eine sozialpolitische That von großer Bedeutung. Sie wirkt nach zwei Richtungen hin. Auf der einen Seite läßt sie klarer erkennen, welche Mißstände in der Lage der Arbeiter vorhanden sind; sie zeigt uns dadurch die Aufgaben, die von der kommunalen und staatlichen und privaten sozialpolitischen Arbeit zu lösen sind, sie giebt den Bestrebungen der vorübergehenden und ständigen Koalitionen Ziel und Richtung und ist deshalb für den berechtigten Gebrauch der Koalitionsfreiheit von der größten Bedeutung. Auf der anderen Seite bietet sie uns die Mittel, die Kritik der vorhandenen Zustände an der Hand der Thatsachen zu kontrolliren. Es ist leicht, die jetzigen Zustände scharf zu tadeln; aber es ist sehr schwer und oft unmöglich, ohne eine genügende Pflege der Sozialstatistik diesen Tadel zu widerlegen oder auf das richtige Maaß zurückzuführen. Nur wenige Männer kennen und beherrschen das schon vorhandene zerstreute Material so, daß sie sich an der Abwehr unberechtigter Kritik mit Erfolg betheiligen können. Eine gut ausgebaute und in übersichtlichen Veröffentlichungen Jedermann zugängliche Sozialstatistik ist deshalb eine sehr wirksame Waffe gegen unberechtigte Herabsetzung der bestehenden Verhältnisse und erleichtert dadurch auch die Abwehr unberechtigter Bestrebungen der Koalitionen.

Wie die Pflege der Sozialstatistik im Einzelnen auszugestalten ist, läßt sich für jedes Land nur nach seinen besonderen Verhältnissen sagen. Eins hat sich aber doch allenthalben gezeigt: Ohne besondere ständige, mit dem nöthigen Personal, den erforderlichen Geldmitteln und mit ausreichenden Erhebungsbefugnissen ausgestattete Organe zur Pflege der Arbeits- und Sozialstatistik läßt sich nicht das, was möglich ist, erreichen. Selbst solchen Organen wird es nicht gelingen, in alle Winkel des sozialen Lebens hineinzuleuchten; gewisse Gebiete des sozialen Lebens entziehen sich überhaupt einer statistischen Erfassung. Aber sehr viele andere Gebiete lassen sich so aufklären, daß die wirklichen Verhältnisse auch zahlenmäßig zum Ausdruck gebracht werden können.

Die Errichtung besonderer arbeitsstatistischer Aemter ist am weitesten in den Ver. Staaten von Amerika entwickelt. Schon 1869 wurde in Boston für Massachusets ein solches Amt errichtet, und seitdem hat sich die Zahl der einzelstaatlichen arbeitsstatistischen Aemter auf über 30 erhöht. Ihre Organisation, ihre Mittel und ihre Leistungen sind verschieden. Im Staat New York sind z. B. rund 25 000 Doll., in Massachusets rund 11 000 Doll., in Colorado nur etwas über 3000 Doll. im Budget vorgesehen. In einigen Staaten ist ihre Aufgabe auf die Arbeitsstatistik beschränkt, in anderen haben sie noch andere Gebiete der Statistik zu bearbeiten; in einigen haben sie noch andere als statistische Befugnisse. Die Arbeiter selbst standen von Anfang an den arbeitsstatistischen Aemtern freundlich gegenüber und hatten schon seit 1866 ihre Errichtung gefordert.

Neben den einzelstaatlichen Aemtern ist 1884 in Washington ein Arbeitsbureau der Union errichtet worden, das dem Departement des Innern unterstellt und mit einem Budget von 25 000 Doll. ausgestattet wurde. 1888 wurde das Amt zu einem selbständigen, dem Ministerium koordinirten „United States departement of labour" erhoben und mit größerem Personal und mit reichlicheren Mitteln ausgerüstet. Seine Aufgabe ist, „unter der Bevölkerung der Vereinigten Staaten einzuholen und zu verbreiten nützliche Nachrichten über die mit der Arbeit in Zusammenhang stehenden Gegenstände, insbesondere über deren Beziehungen zum Kapital, zur Arbeitszeit, zum Verdienst der männlichen und weiblichen Arbeiter und über die Mittel zur Förderung ihrer materiellen, sozialen, geistigen und sittlichen Wohlfahrt". Außerdem ist das Amt mit Ermittelung der Produktionskosten zollpflichtiger Artikel, der Einwirkungen der Zollgesetze und der Währungsverhältnisse auf die landwirthschaftliche Thätigkeit, der Wirkungen der Trusts und Arbeitskoalitionen auf die Preise, mit der periodischen Berichterstattung über die Lage der wichtigsten Industriezweige und mit der Untersuchung und Berichterstattung über Ursachen und Umstände der Streitigkeiten zwischen Arbeitgebern und Arbeitnehmern betraut. Das Amt beschäftigt im Außendienst 20 ständige Reiseagenten, die an Ort und Stelle das Material sammeln müssen und die nöthigenfalls durch Hilfsagenten ergänzt werden, und im inneren Dienst 70—80 Beamte. Sein Etat war 1896 — außer den Druckkosten — 172 170 Doll.

England hat 1886 ein arbeitsstatistisches Amt errichtet, das trotz des anfänglich unzulänglichen Personals werthvolle Arbeiten veröffentlichte. 1893 wurde es reorganisirt, mit ca. 30 ständigeu Beamten in London und mit 30 „Lokalkorrespondenten" ausgerüstet und als „Labour departement" dem Handelsminister unterstellt. Die jährlichen Berichte dieses Amtes, seine monatlich erscheinende und namentlich auf Verbreitung in Arbeiterkreisen berechnete „Labour Gazette" und seine größeren Spezialarbeiten bieten ein sehr umpfangreiches und werthvolles Material.

1887 begründete auch die Schweiz unter dem Namen „Schweizerisches Arbeitersekretariat" in Zürich ein arbeitsstatistisches Bureau, zu welchem die Eidgenossenschaft einen Zuschuß (anfangs 5000 Fr., jetzt 20000 Fr.) giebt und das im Uebrigen vom „Schweizerischen Arbeiterbund" unterhalten wird. Es ist also kein eigentliches staatliches Organ und hat sich thatsächlich mehr der Interessenvertretung als der Statistik gewidmet.

Frankreich hat 1891 in Paris ein „office du travail" mit der Aufgabe errichtet, alle die Statistik der Arbeit betreffenden Daten zu sammeln, übersichtlich darzustellen und zu veröffentlichen. Das Amt hat im Außendienst drei ständige Delegirte; sein Budget stellt sich auf über 150000 Fr. Seit 1894 giebt es eine sehr billige monatliche Zeitschrift heraus.

Belgien errichtete 1894 ein „office du travail", das aber außer statistischen noch sonstige Verwaltungsfunktionen ausübt.

In Spanien wurde 1894 im Ministerium des Innern eine Abtheilung für Arbeiterstatistik errichtet.

In Oesterreich ist 1894 eine Vorlage über Errichtung einer arbeitsstatistichen Abtheilung im Handelsministerium von der Regierung eingebracht worden; doch ist eine Einigung darüber nicht erzielt worden.

Deutschland hat eine Centralstelle für Arbeitsstatistik nicht. Die 1892 eingesetzte Reichskommission für Arbeiterstatistik kann als solche Centralstelle nicht gelten. Es ist keine statistische Behörde, sondern ein Organ zur Begutachtung und Anregung gewisser sozialstatistischer Erhebungen und hat das Recht, zu den Sitzungen Auskunftspersonen hinzuzuziehen. Der Wirkungskreis der Kommission beschränkt sich auf die Vorbereitung und Ausführung der die gewerblichen Arbeiter betreffenden Bestimmungen der Gewerbeordnung (Titel VII). Das Gebiet der Arbeitsstatistik überhaupt kann also von ihr nicht beackert werden. Für ihren beschränkten Wirkungskreis hat die aus höheren Beamten und Reichstagsmitgliedern bestehende Kommission ihre selbständige und vermuthlich auch dauernde Bedeutung, aber sie macht die Schaffung einer arbeitsstatistischen Centralstelle nicht entbehrlich.

Eine selbständige statistische Centralstelle wird freilich in Deutschland zur Zeit nicht erwartet werden können; wir haben in Deutschland noch die Gewohnheit, derartige neue Organe in bestehende Ressorts einzugliedern. Da dem Reichsamt des Innern die Pflege der Reichsstatistik unterstellt ist, soweit sie nicht in anderen Reichsämtern selbständig für ihr speziales Ressort ausgeführt wird, so erscheint es richtig, auch die arbeitsstatistische Centralstelle dem Reichsamt des Innern zu unterstellen. Das kann in verschiedener Weise geschehen. Man kann eine „arbeitsstatistische Abtheilung" im Reichs-Versicherungsamt bilden, das ja seinerseits der Aufsicht des Reichsamtes des Innern untersteht. Dieser Gedanke, den ich schon seit Jahren litterarisch vertreten habe, wird dadurch nahegelegt, daß das Reichs-Versicherungsamt schon jetzt wichtige Zweige der Sozialstatistik, nämlich die Unfall- und Invalidenversicherungsstatistik, bearbeitet und in seiner Rechnungsstelle bereits Kräfte hat, die auch für weitere statistische Aufgaben herangezogen werden können. Außerdem aber kommt in Betracht, daß das Reichs-Versicherungsamt mit den sozialen Verhältnissen durch seine ganze Thätigkeit in enge Berührung kommt und deshalb die Dinge zutreffend beurtheilen kann.

Der Direktor des „Kaiserlichen Statistischen Amtes" hat dagegen das Bedenken geltend gemacht, daß das Reichs-Versicherungsamt nur für solche Erhebungen besonders geeignet sei, die mit Hilfe der Organe der Unfall- und Invalidenversicherung durchgeführt werden könnten. Von dieser Seite wird befürwortet, die Arbeitsstatistik nicht als gesonderten Zweig zu behandeln, sondern mit dem Kaiserlichen Statistischen Amt zu verbinden, da die Arbeitsstatistik von anderen statistischen Zweigen, wie Berufs- und Gewerbestatistik, Preisstatistik u. s. w. nicht wohl getrennt werden könne.

Man würde auf diese Weise zu einer arbeitsstatistischen Abtheilung des Kaiserl. Statistischen Amtes kommen, das seinerseits zum Ressort des Reichsamts des Innern gehört.

Ein dritter Weg, der vielleicht zur Zeit am meisten Aussicht auf Verwirklichung hat, wäre der, im Reichsamt des Innern selbst eine besondere „arbeitsstatistische Abtheilung" zu errichten. Diese würde zunächst die Aufgabe haben, alles arbeitsstatistische Material, das in Deutschland vorhanden ist, zu sammeln, übersichtlich darzustellen und in periodischen, billigen Veröffentlichungen sowie nöthigenfalls in Spezialarbeiten in weite Kreise zu tragen. Das vorhandene Material ist nicht gering. Das Kaiserl. Statistische Amt und die statistischen Aemter der Einzelstaaten erheben und veröffentlichen schon jetzt vieles Material, das hier in Betracht kommt. Dazu treten die Erhebungen der großen Betriebsverwaltungen des Reichs und der Einzelstaaten, der gewerblichen Aufsichtsbehörden, des Reichs-Versicherungsamtes, der Krankenkassen, Berufs-Genossenschaften und Invaliditäts-Versicherungsanstalten selbst, der Gewerbegerichte, der Gewerkvereine, der Handelskammern, der Steuerverwaltung u. s. w. Viel von diesem Material ist veröffentlicht, dringt aber nicht in weitere Kreise, weil nur sehr wenige Menschen Zeit und Neigung haben, alle diese verschiedenen Publikationen durchzusehen. Es bedarf eines Organs, das dieses in allen möglichen Heften und Büchern und Berichten aufgespeicherte Material konzentrirt und sichtet und ordnet und so Jedem, der sich dafür interessirt, zugänglich macht. Damit würde allen praktischen Politikern, allen Zeitungen, allen Gewerbetreibenden und Arbeitern und ihren Organisationen und auch der Wissenschaft eine große Erleichterung, eine wichtige Quelle der Belehrung und vor allem auch eine wirksame Waffe im Kampf gegen übertreibende Kritik unserer Verhältnisse geboten werden. Die arbeitsstatistische Abtheilung würde weiter zum Vergleich auch wissenswerthe ausländische Materialien heranziehen müssen. Dazu würden noch bebesondere Spezialarbeiten über die Entwickelung der Verhältnisse treten müssen. Ob die Abtheilung auch selbst statistische Erhebungen durchführen soll, oder ob sie in dieser Beziehung auf die technische Mitwirkung des Kaiserl. statistischen Amts angewiesen werden soll, ist eine Frage, die im Augenblick um so eher offen gelassen werden kann, als große statistische Erhebungen — schon mit Rücksicht auf die Beschaffung der erforderlichen Mittel — ohne Erlaß entsprechender Spezialgesetze bei uns nicht eingeleitet und durchgeführt werden können; es würde also im einzelnen Fall auch in dem betreffenden Gesetz der Weg der Erhebung geregelt werden können.

Dem nächstliegenden Bedürfniß würde es jedenfalls genügen, wenn einer arbeitsstatistischen Abtheilung im Reichsamt des Innern die Aufgabe zugewiesen würde, alles zur Klarstellung und Beurtheilung der deutschen Arbeiterverhältnisse geeignete Material zu sammeln, übersichtlich darzustellen und in periodischen und gelegentlichen Veröffentlichungen möglichst weiten Kreisen zugänglich zu machen.

Den weiteren Ausbau dieser Institution wird man ruhig der Zukunft überlassen können.

Druck von A. W. Hayn's Erben, Berlin und Potsdam.

Kolibri 360 GmbH
Ferdinand-Jühlke-Straße 7
99095 Erfurt, Deutschland
produktsicherheit@kolibri360.de